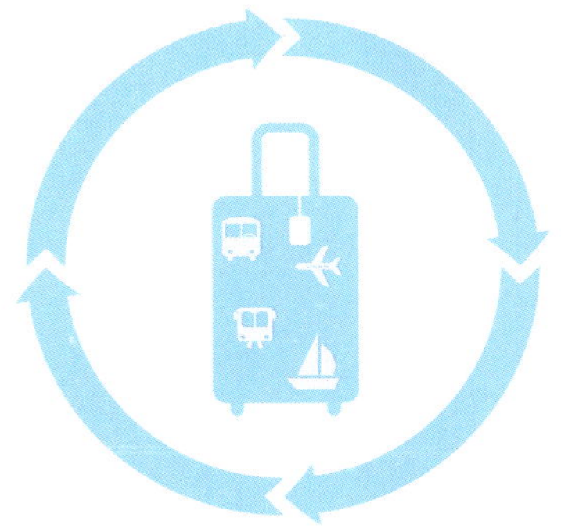

Guoneiwai Luke Liancheng Yunshu
Fazhan Xianzhuang ji Anli

国内外旅客联程运输

发展现状及案例

陈　硕　杨天军　闫　超◎著

人民交通出版社股份有限公司
China Communications Press Co.,Ltd.

内 容 提 要

本书首先引出旅客联程运输的概念及内涵，然后通过具体的案例，对国内外发展较为成熟的旅客联程运输进行介绍，分析国内外旅客联程运输中存在的问题，并总结其经验，最后呈上针对国内旅客联程运输的调查分析报告。

本书可供旅客联程运输方向相关研究人员使用，也可作为科普类读物供广大读者使用。

图书在版编目(CIP)数据

国内外旅客联程运输发展现状及案例 / 陈硕，杨天军，闫超著. —北京：人民交通出版社股份有限公司，2018.4

ISBN 978-7-114-14183-6

Ⅰ. ①国… Ⅱ. ①陈… ②杨… ③闫… Ⅲ. ①国际联合运输—输旅客运输—研究 Ⅳ. ①F511.43

中国版本图书馆 CIP 数据核字(2018)第 050667 号

书　　名：国内外旅客联程运输发展现状及案例

著 作 者：陈　硕　杨天军　闫　超

责任编辑：姚　旭

责任校对：宿秀英

责任印制：张　凯

出版发行：人民交通出版社股份有限公司

地　　址：(100011)北京市朝阳区安定门外外馆斜街 3 号

网　　址：http://www.ccpress.com.cn

销售电话：(010)59757973

总 经 销：人民交通出版社股份有限公司发行部

经　　销：各地新华书店

印　　刷：中国电影出版社印刷厂

开　　本：720×960　1/16

印　　张：8

字　　数：118 千

版　　次：2018 年 4 月　第 1 版

印　　次：2018 年 4 月　第 1 次印刷

书　　号：ISBN 978-7-114-14183-6

定　　价：40.00 元

前　言

“十三五”时期是我国全面建成小康社会的决胜阶段,是深化“四个全面”战略布局的关键时期,是推进“四个交通”全面发展,使交通真正成为发展先行官的重大战略机遇期,也是交通运输基础设施发展、服务水平提高和转型发展的黄金时期。“十二五”以来,我国综合交通运输体系不断完善,各种交通运输方式发展水平不断提升,高速铁路建设突飞猛进,民用航空普及程度不断提高,各运输方式逐渐形成各自的完备体系,高速铁路营业里程、高速公路通车里程均位居世界第一,铁路、民航客运量年均增长率超过10%,铁路客运动车组列车运量比例达到46%,现代化综合交通枢纽场站一体化衔接水平不断提升,总体适应经济社会发展要求。在经历2008年、2013年两轮交通运输大部制改革后,综合交通运输管理体制机制不断理顺,综合交通运输行业治理能力显著提升,交通运输大部制改革取得了初步成效。旅客联程运输(以下简称“旅客联运”)是通过两种或两种以上对外运输方式完成的旅客连续运输方式。旅客联运作为综合运输服务体系的重要组成部分,可以发挥各种旅客运输方式的比较优势,提高运输组合效率和服务水平,是推进现代综合交通运输体系建设的重要切入点。国外很早就有旅客联运服务模式,最早可追溯至1959年布鲁塞尔实施的城市值机服务。20世纪90年代开始,欧洲一些机场借助完善的高速铁路网络,开始尝试飞机和高速铁路的联运,旅客在火车站航站楼可以实现一次安检、异地通关。在发展政策方面,从20世纪90年代开始,欧盟就制定了包括交通环境影响绿皮书、公民网络绿皮书等政策文件,提出了推进联运服务的政策建议,并在1995年成立了联运专责小组,促进技术、系统、创新的概念和策略的发展。

我国旅客联运起步较晚,但近年来,在政府、学术和市场等多层次、多领域逐渐形成共识。国务院、交通运输部及相关部委相继出台了一系列关于促进旅客联运发展的政策,2017 年 2 月,国务院发布《"十三五"现代综合交通运输体系发展规划》(国发〔2017〕11 号),明确提出要推进旅客联运发展,开展旅客联运专项行动,促进不同运输方式运力、班次和信息对接,鼓励开展空铁、公铁等联运服务。交通运输部 2016 年发布的《综合运输服务"十三五"发展规划》,也提出要推进旅客联运发展,推进跨运输方式的客运联程系统建设,统筹运输方式间运力、班次对接,鼓励开展空铁、公铁、空巴等联运服务。推动实现旅客出行一次购票、无缝衔接、全程服务。推行跨方式异地候机候车、行李联程托运等服务。鼓励依托第三方服务平台发展"一票制"客运服务,推进跨方式出行信息互联互通、及时发布、实时更新、便捷查询。随着我国高速铁路、轨道交通以及民航业的快速发展,各大城市逐渐出现区域性"都市圈",具有影响力的城市群如京津冀、长三角、珠三角等地区长短途出行需求旺盛、出行服务种类众多,旅客联运市场需求旺盛。随着旅客联运需求的释放,空铁联运、空巴联运、空海联运等形式的旅客联运服务模式也逐渐涌现,旅客联运市场初具规模。但从整体上来看,我国旅客联运发展仍然滞后,运输方式间、区域间、城乡间的行政、技术壁垒和市场分割依然存在,运输结构性矛盾依然突出,运输服务衔接仍然不畅通,最先与最后一公里出行仍然不便,服务的水平和质量仍然不高。这些问题严重影响和制约了现代综合交通运输体系的建设,迫切需要通过完善体制机制、政策措施,加强旅客联运发展的顶层设计,制定发展路径,明确发展任务,促进旅客联运健康发展。

现阶段,加快推进我国旅客联运发展,具有重大现实意义。主要体现在:一是有利于提升综合运输服务品质,满足人民群众出行新需求新期待;二是有利于加快运输组织模式创新,培育交通运输发展新动能;三是有利于加强不同运输方式服务衔接,推动现代综合交通运输体系建设。

本书在充分借鉴和继承相关研究成果的基础上,通过对实例分析,明确区分旅客联运与单一客运方式的本质区别和内在关系,总结概括和定义其内涵、本质特征和构建条件,重点剖析国内外旅客联运发展现状及运营模式,着重研究分析和归纳总结我国旅客联运发展现状和问题,并本着客观的原则,对我国旅客联运行业发展状况进行综合准确描述及评价，对行业未来的发展提出务实、可行的对策建议，旨在为推动我国旅客联运发展进行探索性研究，达到以发展对策为着力点和抓手，推进旅客联运发展的目标。希望本书能为行业管理部门决策和行业企业市场研究提供依据，为健康快速推进我国旅客联运发展提出正确路径，为贯彻落实全面深化交通运输改革工作积累经验。

本书第一章由汪健、龚露阳、李忠奎撰写完成，第二、三章由刘新、闫超、陈硕撰写完成，第四章由贾皓、孙子涵、闫超、杨天军撰写完成。本书的撰写得到了交通运输部运输服务司、交通运输部科学研究院相关领导的指导和支持以及交通运输各运输行业的专家学者和广大同仁的点拨和鼓励，借助了专家和学者的智慧，在此一并表示最衷心的感谢，同时感谢姜彩良、刘颖、姜景玲、胡铁钧、王巍、梁仁鸿等同志所做的大量基础研究工作。

由于本书涉及国内外联运组织模式内容较多，编写时间短促，未尽之意颇多，如遇纰漏之处，诚望各位领导、各界专家和广大读者不吝赐教。

编者

2017 年 11 月

目　　录

第一章　旅客联程运输概念及内涵

第一节　旅客联程运输相关概念

一、综合运输与多式联运

综合运输是现代交通运输的一种重要发展形态。从本质上讲，综合运输是交通运输的一种科学发展理念及其实践活动。我们经常讲的综合运输体系，实际上是体现了综合运输思想的交通运输体系。

关于综合运输的概念有多种表述。李士珍认为，“综合运输是指铁、公、水、空各种运输方式的综合规划、综合发展以及先进运输技术的综合应用，是从宏观社会效益的角度，研讨交通运输业的综合规划、综合发展和综合运用等问题。”荣朝和认为，“综合运输是指综合集成各种运输方式与系统的功能，一体化高效率完成人与货物空间位移。一体化运输是综合运输的核心内容。”胡思继认为，“以国家综合交通体系所提供的公共交通网络及设施和运载工具为依托，以现代联合运输工程管理技术和信息技术为基础，以便捷、安全、高效和经济为目标，通过多种交通运输方式之间的协调配合，组织实现客货运输过程的经济活动和社会活动称为综合运输”，并指出“在发达国家，真正意义的综合运输概念的产生，是在多种现代交通运输方式得到发展，国家综合交通体系初步形成之后。”与综合运输紧密联系的概念是综合运输体系，事实上人们通常将这两个概念合起来讨论，有些地方干脆将综合运输理解为一种交通运输体系，如《集装箱化与现代物流辞典》对综合运输的定义是，“在运输方式中，指利用铁路、公路、水路、航空和管道等各种运输方式，以逐步形成和不断完善一个技术先进的、网络布局正确的、运输结构合理的交通运输体系。”关于综合运输体系，郭小碚认为，“是指由各种运输方式构成的、相互协调及合理利用、共同完成旅客和货物运输的系统。”高家驹认为，“综合运输就是各种运输方式在社会化的运输范围内和统一的运输过程中，按其技术经济特点组成分工协作、有机结合、连接贯通、布局合理的交通运输综合体。”

综上观点，本书对综合运输的基本定义是：由现代各种运输方式构成的，各自优势充分发挥、相互之间有机衔接、整体功能实现最优的交通运输系统。其基本特征是：①充分合理发展各种运输方式；②有效发挥各种运输方式的比较优势；③实现各种运输方式的有机衔接；④实现用户效用和社会效益的最大化。

综合运输从属于交通运输。交通运输在其发展的历史过程中，始终追求以最小的社会资源消耗、最低的运输成本来最大限度地满足经济社会的运输需求，而通过发展综合运输则可以有效地达到这一目的。从这个角度讲，综合运输是实现交通运输高效发展的重要途径。

在交通运输业高度发展的今天，多式联运已不是一个新鲜的概念，现代多式联运业发展之初，即从20世纪60年代开始人们就普遍使用并接受这个词。多式联运作为一种业务或服务，在实践当中有比较明确的指代，即指按照多式联运合同，由多式联运经营人以至少两种不同的运输方式将旅客或货物从合同指定的起点运送到终点的运输服务。

多式联运和综合运输均强调多种运输方式之间的协调配合，但相对于综合运输，多式联运主要指微观层面的运输活动，突出运输企业合理运用多种运输方式提供满足社会需求的完整运输产品。不同的是，综合运输的概念更广、更宏观，更突出由国家对整个综合运输体系的规划和合理应用来构筑综合运输体系，而综合运输体系则是实现多式联运的重要基础。

二、多式联运、联合运输与组合运输

2016年12月发布的交通运输行业标准《货物多式联运术语》(JT/T 1092—2016)，从货物运输角度，对多式联运、联合运输和组合运输进行了概念上的准确界定：

多式联运(Intermodal Transport)是指货物由一种且不变的运载单元装载，相继以两种及以上运输方式运输，并且在转换运输方式的过程中不对货物本身进行操作的运输形式。

联合运输(Multimodal Transport)是指从接受委托至到达交付，组织使用两种及以上的运输方式完成的货物运输形式。

组合运输(Combined Transport)是指干线运输主要采用铁路、水路运输方式，且最先和最后的接驳运输采用短距离道路运输的运输形式。

从货运角度而言,不论是否使用集装箱等联运箱具,只要运用了多种运输方式就可以称之为联合运输,多式联运是指运用运载单元进行的多种运输方式的联运,联合运输可以将多式联运包含在内。而组合运输则属于多式联运的一种,强调的是多式联运过程中公路衔接问题。

关于联合运输和多式联运的关系,目前国内学者还存在一些不同的理解。1986 年4 月,国家经济贸易委员会、计划委员会、财政部、铁道部、交通部制定的《关于发展联合运输若干问题的暂行规定》(经交〔1986〕235 号)中的表述是,"联合运输是综合性的运输组织工作,包括两种以上运输工具或两程以上运输的衔接,以及产供销的运输协作。"谈大洋认为,联合运输是把现代化的交通运输工具有机地结合起来,把集、装、运、卸、散五个环节连接起来,加以长短分工,水陆协调,相互补充,综合利用,以求组成一个完整的运输体系,以期形成一个息息相通、脉脉相连、环环紧扣、四通八达的联合运输网络。联合运输概念和联运概念之间的关系是属种关系,联合运输概念的外延比联运概念的外延大,联合运输包括联运。"王庆功则认为,"联合运输是指两种或两种以上的运输方式或同一运输方式的两个及其以上的运输企业,遵照统一的规章或协议,使用同一运送凭证或通过相互代办中转业务,联合完成某项运输任务,简称联运。"因此,也有学者的学术观点是,"联运是联合运输的简称,联合运输既包含不同运输方式的运输又包含同一运输方式中不同企业的运输,即联运包括多式联运。"

关于多式联运的英文表达,欧洲多用"Transport Intermodality",而美国则常用"Intermodal Transport"。

三、多式联运与旅客联运

从概念本身而言,多式联运包含了客运和货运两方面,欧美各国在使用"Intermodal Transport"这个概念的时候,多数是表达货物多式联运的概念,对其进行更为准确的细分,多式联运可分为货物多式联运(Intermodal Freight Transport/ Freight Intermodality)和旅客联程运输(以下简称"旅客联运")(Intermodal Passenger Transport/ Passanger Intermodality)。

欧盟在 1992 年发布了第一部交通运输政策白皮书《通用运输政策的未来发展白皮书》(*The future development of the common transport policy: A global approach to the construction of a Community framework for sustainable mobility*),在该白皮书中,欧盟确定未来的交通政策目标为"可持续机动性"(Sustainable

Mobility),针对客运,提出了两大关键政策目标:构建环欧交通网络(The Trans-European Transport Network)和居民出行网络(Citizens Network)。而实现这两大网络构建的一个重要的要素就是多式联运,即通过两种及以上的交通工具或交通方式完成旅行。

基于此,欧盟在1995年启动了"*Task Force Transport Intermodality*"项目,面向未来的多式联运发展,开展政策、商业、技术的前瞻性研究工作。该项目首次系统性给出了多式联运的概念,即"面向顾客提供集成和协调不同运输方式的门到门服务的交通系统",并且在货物多式联运和旅客联运领域提出了一系列的项目建议,如针对旅客联运的EU SPIRIT和SWITCH项目。1996年,欧盟启动了"*Strategic Organisation and Regulation in Transport*"(SORT-IT)项目,在这一项目中也提出了多式联运的概念:"单个旅客或货物单元从起点到目的地的运输路线由至少涉及两种不同运输方式(旅客的步行方式除外)的联合运输链组成"。

2001年,欧盟发布了第二部指导欧盟交通运输发展的政策白皮书《面向2010年的欧盟交通运输政策:时不我待》(*European Transport Policy for* 2010:*Time to Decide*),在这一白皮书中,确立了多式联运发展的优先地位,提出要发挥各种运输方式自身优势的发展战略,在货物多式联运方面,提出了马可波罗计划等项目,而针对旅客联运方面,提出了集成票务、行李处理、无缝行程等众多政策建议。在此基础上,欧盟先后提出了"*Towards Passenger Intermodality in the EU*"(2004)、"*A Knowledge Base for Intermodal Passenger Travel in Europe*"(KITE,2007)、"*The European Forum on Intermodal Passenger Travel*"(LINK,2007)等项目。

2004年的"面向欧盟的旅客联运"项目中,正式提出了旅客联运的概念:"旅客联运是一种政策和规划原则,旨在通过联合出行链中的不同运输方式为旅客提供一次无缝出行体验"("Passenger intermodality is a policy and planning principle that aims to providea passenger using different modes of transport in a combined trip chain with aseamless journey")。

2007年的"KITE"项目中所提出的旅客联运的概念为:"旅客联运是一种政策和规划原则,旨在通过不同运输方式的协调融合实现无缝旅行"("Passenger intermodality is a policy and planning principle that facilitates the combination of different modes in order to enable seamless travel")。

2007年的LINK项目中,所提出的旅客联运概念沿用了2004年项目中提出的旅客联运概念。

欧洲各国对于旅客联运的概念,一方面是强调不同的运输方式,而另一方面更为强调的是“无缝衔接”(Seamless),其相关报告中指出,无缝衔接主要包括“设施衔接”“票务衔接”“行李直挂”“全程服务”等特征。

美国在1991年颁布了第一部联邦运输法律《陆路联合运输效率法案》(*Intermodal Surface Transportation Efficiency Act of* 1991(*ISTEA*),冰茶法案),该法案的颁布标志着美国从单一运输模式向多式联运方式观念的转变。美国多式联运系统的发展成就基本体现在货运方面,这在很大程度上是由于私营运输服务提供商的积极举措导致的。相反,特别是与欧洲的客运系统相比较而言,美国在客运方面的多式联运发展进程相对滞后。这一巨大差异,主要是由国有企业在旅客运输尤其是市内交通方面所发挥的重要作用以及美国客运系统的发展不平衡所导致的。全系统联运规划的缺失,限制了可以通过协调和连接现有客运系统取得的效益,私营客运企业已经逐步开始对多式联运模式表示兴趣,而且已经着手开发多个创新项目并计划从中挖掘可观效益。

美国比较有代表性的关于多式联运的定义主要有如下两个:一个是1994年第十版《韦氏词典》中给出的定义:在一次旅程中通过一种以上的运输工具完成的运输过程(Being or Involving Transportation by More Than one Form of Carrier During a Single Journey)。这里强调的是由一种以上的运输工具完成的运输过程。另一个则是穆勒格哈德在1999年的专著《货物多式联运》(*Intermodal Freight Transportation*)中提出的:通过两个及以上不同运输方式运送旅客,运输过程中的所有环节(包括信息交换)都高效协同连接(The concept of transporting passengers and freight on two or more different modes in such a way that all parts of the transportation process, including the exchange of information, are efficiently connected and coordinated),这一定义中一方面强调的是两种以上的运输方式衔接,另一方面则强调的是高效的联通和协调。而关于旅客联运的概念,在美国更多地采用“Intermodal Passenger Transport”的提法,多数概念都是从这两个多式联运的概念中衍生而来。

2017年4月,交通运输部出台了《旅客联运术语》(JT/T 1109—2017),对旅客联运给出了以下定义:旅客联运是通过两种或两种以上对外运输方式完成的旅客连续运输。其发展目标为由单一旅客联运承运人或代理人为旅客及其行李全程负责,旅客全程使用一本票证。在我国的旅客联运概念中,一方面界定的是两种或两种以上对外运输方式，另外提出了全程负责、一本票证的理念。

四、旅客联运与旅客组合运输

与货物多式联运一样，旅客联运也存在组合运输的概念，比如民航客运中的中转联程，则是指由航空公司之间或独自的航班通过中转的方式到达目的地的旅行方式，是同一种运输方式的组合运输；而铁路旅客联合运输则是通过不同客运企业、不同运输区段、不同运输环节之间的衔接和协调组织共同完成的旅客运输过程。国际铁路旅客联运则是指凡两个国家或两个以上国家铁路间按国际联运票据办理的旅客、行李和包裹的运送。在道路客运领域，道路客运接驳运输是指道路客运班车运行到指定的接驳点（如高速公路服务区、高速公路附近的客运站或其他交通便捷的地点）后，当班驾驶员停车落地休息，与在接驳点休息等待的备勤驾驶员履行接驳手续，由备勤驾驶员上车继续执行驾驶任务的运输组织活动。道路客运节点运输是指依托道路班车客运，在一定的时间及不同的运输区段，发挥道路客运站场的纽带、贯通和衔接作用，实现一次收费、一票到底、全程负责的点到点的运输组织方式。旅客联运强调的是两种及以上对外运输方式，而旅客组合运输还存在同一方式间联程的概念。

第二节　旅客联程运输的内涵

一、旅客联程运输的概念

从概念角度，旅客联程运输的关键是“联程”。关于联程，实际上是运输方式的组合问题。

运输方式按照服务区域可分为对外运输方式和城市客运方式两种，从实践层面，“联程”具体包括以下几种形式。

（1）对外运输方式 + 不同种对外运输方式。

主要由两种及以上的班线客运、铁路、民航、水路客运等对外运输方式组合而成，行业中出现的“空铁通”“空巴通”“海天联运”等旅客联运服务都是此种形式。

（2）对外运输方式 + 同种对外运输方式。

主要由一种包括班线客运、铁路、民航的对外运输方式分段组成，包括民航的中转联程、铁路的联合运输以及公路的节点运输。

(3)对外运输方式+城市客运方式。

主要由一种包括长途客运、铁路、民航的对外运输方式加上一种包括城市公共汽电车、轨道交通、出租汽车的城市客运方式组合而成,包括传统的火车换乘公共汽电车、飞机换乘轨道交通等形式。

(4)城市客运方式+不同城市客运方式。

主要由两种及以上的包括城市公共汽电车、轨道交通、出租汽车等形式的城市客运方式组合而成,包括城市公共汽电车换乘轨道交通、城市公共汽电车换乘出租汽车等形式。

(5)城市客运方式+同种城市客运方式。

主要由一种包括城市公共汽电车、轨道交通等形式的城市客运方式分段组成,这里面包括城市公共汽电车换乘、轨道交通换乘等形式。

从业务层面而言,本书研究的旅客联运问题主要是第一种形式,第二种形式为单方式组合运输问题,第三种形式为客运站的城市客运接驳问题,第四种形式、第五种形式则为城市公共汽电车换乘问题。

本书界定的旅客联运的定义,沿用《旅客联运术语》中的定义:旅客联运是通过两种或两种以上对外运输方式完成的旅客连续运输。即在一次单程旅程中为旅客提供由至少两种对外运输方式构成的全程服务、无缝衔接的旅程。

二、旅客联程运输的内涵

旅客联运的内涵主要体现在如下四个方面。

(1)一次出行链中包含两种及两种以上对外运输方式,单方式多段不属于旅客联运范畴,如传统民航运输中的中转联程、道路客运的接驳运输以及铁路运输中的国际联运。

(2)旅客联运就是对外运输方式的旅客运输的联运(如航空和铁路、航空和公路、公路和铁路),不包括城市客运(如轨道交通、城市公共汽电车、出租汽车、轮渡,甚至自行车和私家车)。

(3)旅客联运的基本内涵为“全程服务、无缝衔接”。相对于分段组合运输,旅客联运应能提供覆盖全过程的服务(包括出行前、出行中、出行后的购票、安检、行李托运、退改签等);同时,旅客出行时应能够享受到多种运输方式间换乘的无缝衔接。

(4)旅客联运的典型特征应包括“一站式购票”“一票式出行”“行李直挂”。

①“一票式出行”即为旅客提供一种用于多运输方式安检通关的出行凭证(如二维码、身份证或其他类型票证),使得旅客出行“一票到底”。

②“行李直挂”是指联运旅客在始发地办理托运、由旅客联运承运人或代理人负责承运并由旅客在目的地提取的行李联运服务。旅客在进行不同运输方式换乘时无须重复办理行李提取和托运手续。

第二章　国外旅客联程运输发展现状及案例

第一节　国外旅客联程运输发展现状

一、业务开展情况

1. 国外旅客联程运输业务开展区域

目前，国外旅客联运服务主要以欧洲和美国为代表。

（1）欧洲。

德国、法国、瑞士等欧洲主流国家的航空公司和铁路企业充分利用其高度发达的航空、高铁网络及站点，合作开展空铁联运服务，包括联程客票销售和行李直挂托运。由于铁路公司为铁路车站和铁路段行程申请了国际航协的代码，航空公司可在自己的客票系统中销售铁路客票。旅客出行时，可选择购买由航空段和铁路段组成的联运客票，从而实现了民航航班和铁路车次信息一站式查询和客票一次性付款。由于航空和铁路公司在线下的深度合作，旅客还可在铁路车站托运和提取由航空公司运输的行李，从而极大提升了出行体验。

（2）美国。

美国拥有世界上最发达的航空网络，人均小汽车保有量极高，因此美国人一般采用“飞机＋小汽车”的出行方式。但美国铁路公司为了将服务延伸至未开通铁路的城市尤其是加州等旅游地区，与地面运输企业合作，充分利用铁路和公路企业自主灵活的市场化经营体制优势，在全国范围内开通了公铁联运服务。与欧洲的空铁联运产品相同，旅客也可在美铁一次性购买公铁联程客票，乘坐美铁列车到站之后无缝换乘巴士等交通工具直达目的地。

2. 国外旅客联程运输代表性产品

国外旅客联运的典型发展模式和代表性产品主要包括空铁联运和公铁联运。

（1）空铁联运。

空铁联运在欧洲发展程度较高，航空公司和铁路运营公司合作，利用民航

分销系统为旅客提供一站式购票、无缝衔接的全程运输服务。最为典型的包括法国的 TGVAir、德国的 Rail&Fly、AIRail 以及瑞士的 FlugZug（Basel）等空铁联运产品。汉莎航空、瑞士航空等著名的航空公司可为旅客提供一站式购票服务，同时旅客可享受优惠组合票价。德国、法国、瑞士的铁路公司则为联运旅客保留和提供铁路车票，方便旅客往返于大型枢纽机场和周边铁路车站；瑞士航空还和瑞士铁路公司合作，为旅客提供铁路车站值机、行李直挂托运和提取服务。

（2）公铁联运。

国外的公铁联运典型模式以美国铁路公司的 Amtrak Thruway Service 为代表。美铁公司为将服务延伸至未开通铁路的城市，与众多道路客运企业合作，在全美范围内开通了公铁联运服务，该服务以高速公路巴士服务为主，共计开通 72 条联运线路。旅客进行线路查询时，美铁网站会自动规划行程，显示铁路段和公路段的出行方案，旅客可选择并一次性购买联程客票，乘坐美铁列车到站之后，无缝换乘巴士直达目的地。

二、主要做法和经验

（1）制定完善政策法规。

欧盟从 20 世纪 90 年代开始启动旅客联运相关政策法规研究，并先后发布了交通环境影响绿皮书、公民网络绿皮书等政策文件，提出了推进联运服务的政策建议，要求在交通规划过程中统筹考虑联运技术的应用，如换乘枢纽、联运票务等方面。2011 年，欧盟发布交通政策白皮书《通往欧盟统一交通系统之路，建立更有竞争力、能源使用效率更高的交通系统》，提出推动旅客联运的三个重点方面：综合票务、行李处理和出行连续性。

（2）统一联运标准规范。

欧洲标委会（CEN）出台了关于电子客票和无缝旅行的标准《基于智能卡技术的电子客票的应用和无缝衔接旅行》，该标准包括三个部分，第 1 部分：欧盟政策和用户需求；第 2 部分：基于智能卡的可交互操作票务系统的开发；第 3 部分：技术和业务流程需求目录，该标准成为旅客联运票务系统互联互通的标准依据。国际航协组织（IATA）制定了《多边联运交通协议手册》，对多边联合旅客运输过程中的收费标准和服务规范进行了规定，同时明确了行李及货物丢失的索赔程序等相关规定。

(3)加强政府引导扶持。

从20世纪90年代开始,欧盟就制定了一系列引导性政策文件,并成立了联运专责小组(LINK)来推动和扶持旅客联运发展。欧盟还根据实际需要,从欧洲区域发展和凝聚力基金中划拨专用资金来补助联运基础设施建设,重新构建机场集疏运体系,改善机场与铁路之间换乘通道。同时,政府在建设客运场站时,特别注重运输方式间的换乘衔接;进行旅客联运设施投资建设时,注重前期研究和可行性分析,避免社会资源和资金的浪费。

(4)推动建立企业联盟。

欧盟利用三年左右的时间建立了空铁旅客联运联盟,盟员包括来自航空公司、铁路公司、民航机场、铁路车站的从业者、政策制定者等业内专家。空铁旅客联运联盟致力于从空铁联运专享服务、网络分销系统以及相关保护协议等方面深刻挖掘瓶颈因素并提出解决方法,以提升服务水平,获取商业利益,营造机场、铁路、民航和旅客多赢的局面。联盟的组建,对欧洲空铁联运的发展发挥了重要作用。

知识拓展:全球空铁联运联盟(The Global AirRail Alliance,GARA)

全球空铁联运联盟(GARA)是世界各地企业交通空铁联运发展思想和最佳实践的企业联盟。其主要职责是与机场、航空公司和铁路运营商一道,收集有关乘客的行为信息、业务发展趋势和解决方案,提升乘客体验。

全球空铁联运联盟与联盟内外公司计划、建设和运营空铁联运,讨论航空和铁路一体化政策的指导方针和建议。

全球空铁联运联盟建立了一个空铁联运数据库(GARAbase),该数据库是全球航空铁路市场一个全面的和不断增长的数据库,它可以收集乘客和工作人员往返于世界机场的信息,并共享建设的GARAbase模式。其数据包括价格和接入费用、公私合作关系和资金、乘客和员工的满意度以及空铁联运案例和营销案例。

全球空铁联运联盟定期在线发布航空铁路市场的消息,包括计划和运营的航空铁路信息、航空与铁路合作信息,空铁分布信息,乘客信息以及其他的空铁联运相关信息。

世界空铁联运联盟每年组织召开一年一度的空铁联运大会。

第二节　国外旅客联程运输案例

一、空铁联运案例

在欧洲,由于各个运营商之间所签署的协议不同,其不同产品有着不同程度的无缝衔接效果。例如,共享代码协议条款允许通过普通的火车票销售途径购买到与航班共享代码的火车票。目前,欧洲有许多空铁联运的成功案例,下面对五种空铁联运产品:法国的 TGVAir、德国的 Rail&Fly 和 AIRail 以及瑞士的 Flugzug 和 Fly Rail Baggage 分别进行介绍,见表 2-1。

欧洲空铁联运产品特点总结　　表 2-1

产品特点	TGVAir	Rail&Fly	AIRail	Flugzug	Fly Rail Baggage
一票制	√		√	√	√
票务销售	√	√	√	√	
行李托运					√
空铁联运衔接时间	√		√	√	
全程自动化检票	√		√		
空铁服务一体化	√		√		
里程奖励	√		√	√	
延误改签服务	√			√	
可换乘多个车站	√	√		√	√
订票便捷		√		√	√

1. 法国 TGVAir

法国航空公司(Air France),简称法航,是一家法国国营航空公司,天合联盟的创始成员公司之一。法航成立于 1933 年,总部位于法国首都巴黎,枢纽和基地机场是法国巴黎的夏尔·戴高乐国际机场和奥利国际机场。1974 年,法航开始使用新的夏尔·戴高乐国际机场,并且作为枢纽机场,法航共有近 6 万名员工,其中 2 万名空勤人员从事技术和商务工作,4 万名地勤人员从事运营、商务及飞机维修等工作。法航拥有 380 架飞机,其中 133 架由其子公司使用。法航机队的平均机龄为 9.3 年(长程航线平均机龄 8.7 年、中程航线平均机龄 9.2 年),是欧洲最现代化的航空公司之一。

法国国家铁路公司，简称法铁、法国国铁（SNCF），为法国最大的国营公司之一，也是欧盟区内仅次于德国铁路（DB）的第二大铁路公司，总部位于巴黎第14区。法铁负责法国国有铁路的经营，但铁路路线与其附属设备则属于法国国营的法国铁路网络公司所有，但法铁仍然拥有各车站的所有权。法铁经营范围遍布在全球120个国家，员工超过18万人，并且拥有32000km的铁路线，其中包括1850km的高速铁路线和14800km的电气化铁路网络。

法铁公司几乎运行着全法国的铁路系统，包括高速列车。在20世纪70年代，法铁开始着手实施“高速列车（TGV）计划”。1981年，第一条高铁线路通车，从巴黎通往里昂。而如今，法铁公司运营的高速铁路达1850km（约1150英里），每天有大约800趟列车往来于全法各地及周边国家。法铁TGV每年旅客量约100万人次。目前，高速铁路和TGV技术现已应用在几个欧洲国家以及韩国。

法国TGVAir空铁联运线路图，如图2-1所示。

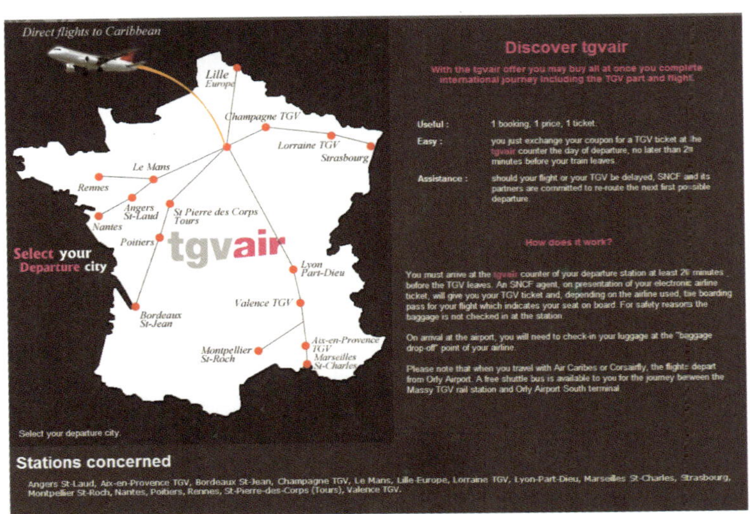

图2-1　法国TGVAir空铁联运线路图

（1）产品介绍。

TGVAir由法国航空公司、大溪地航空公司等十余家航空公司和19个城市的TGV车站共同参与，具体高铁站和航空公司见表2-2。法国TGVAir空铁联运产品包括“火车＋飞机旅行”和“飞机＋火车旅行”两种模式。

法国空铁联运产品运营商列表 表 2-2

序号	参与 TGVAir 的高铁站	参与 TGVAir 的航空公司
1	TGV	Air Austral 奥斯特拉尔航空公司
2	Angers-St-Laud 昂热	Air Austral 奥斯特拉尔航空公司
3	Avignon TGV 阿尔吉翁高铁站(法国东南部一城市)	Air Caraïbes 法属加勒比航空公司
4	Bordeaux St Jean	Air France 法国航空公司
5	Champagne-Ardenne TGV 香槟-阿登高铁站	Air Tahiti Nui 大溪地航空
6	Le Mans(法国西北部城市)	Corsair 海盗航空公司
7	Lille-Europe	Cathay Pacific 国泰航空
8	Lorraine TGV	Emirates 阿联酋航空公司
9	Lyon Part-Dieu 里昂	Etihad Airways 阿提哈德航空公司
10	Marseille St Charles	Qatar Airways 卡塔尔航空公司
11	Massy TGV	SriLankan Airlines 斯里兰卡航空公司
12	Montpellier	Vietnam Airlines 越南航空公司
13	Nantes 南斯(法国西部港市)	
14	Nimes 尼姆(法国南部城市)	
15	Poitiers 普瓦捷(法国西部城市)	
16	Rennes	
17	St Pierre des Corps (à 4 km de Tours)	
18	Strasbourg	
19	Valence TGV 瓦朗斯高铁站等十九个国家,包括布鲁塞尔	

图 2-2 为法国航空公司官网上的空铁联运订票界面。

①“火车 + 飞机旅行”。

旅客在高铁出发前 24h 到开车前 20min 的时间段内,可在法国高铁出发站内的航空值机柜台凭机票和身份证件办理值机。此时,航空值机柜台将在旅客办理值机的同时为旅客提供相关高铁票,旅客须确认该票为所要乘坐的车次,并通过自动检票机检票。如果行李需要托运,需要在夏尔·戴高乐国际机场或者奥利机场的行李柜台办理托运手续,托运的相关手续在公司网站上均有说明(图 2-3)。这里所说的旅客所乘航班包括从海外飞往法国的。

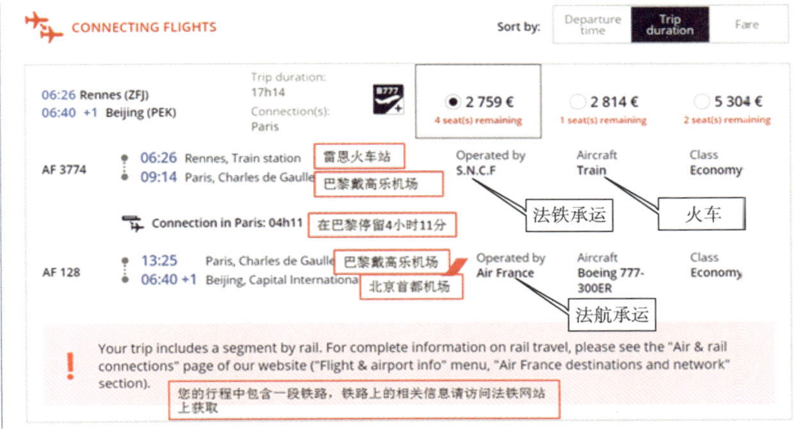

图 2-2　法国航空公司官网空铁联运订票界面

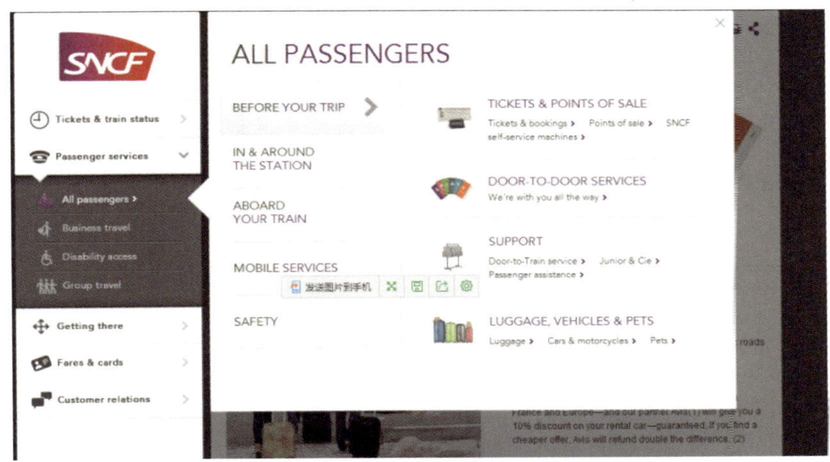

图 2-3　法国铁路行李托运网页介绍

②“飞机 + 火车旅行”。

到达夏尔·戴高乐国际机场或奥利机场后需要继续前往戴高乐 TGV 站的要在戴高乐 TGV 站的 TGVAIR 柜台提取火车票。已经兑换好的高铁票不可以退改签，转乘时间不得超过 24h。

(2)产品特点。

旅客只需要一次购票便可以完成整个行程中各个行程的票务购买，实现一

站式购票，同时旅客将享受组合票价的更多优惠。如因飞机或火车晚点而错过中转，法航公司和法铁公司将保证为旅客在下一班有空位的飞机或火车上保留座位，并无需支付额外费用。但空铁联运的服务旅客不包括儿童。

（3）产品线路。

购买该空铁联运产品的旅客在飞机落地后可以换乘至 19 个城市，包括法国境内 18 个城市和比利时布鲁塞尔。联运产品线路如图 2-4 所示。

图 2-4　TGVAir 空铁联运产品线路图

（4）行李托运。

在法国高铁上，旅客是可以寄存行李的。乘坐法铁的旅客将写好自己姓名全称的标签挂在行李上，放在列车中的指定区域，针对超大行李可以根据列车的实际情况存放在进门处和车厢连接处。

同时，法国夏尔·戴高乐国际机场开通行李提前交付体验项目：乘坐从戴高乐国际机场出发的任何一个航班的旅客,可以在起飞前30h内在机场将行李进行交付,无须手续费,以节省第二天的旅行时间。

2. 德国 Rail&Fly

(1)产品介绍。

德国Rail&Fly空铁联运的主要运营方为德国联邦铁路公司(Deutsche Bahn,DB)、AccesRail公司以及多家航空公司。该产品为旅客提供的联程火车票,用于从德国各主要机场前往德国任意火车站,或由任意火车站前往各机场。火车票与机票配合使用,在有效时间内不限定路线与车次。对于乘坐DB公司火车无法前往的机场,Rail&Fly为旅客提供区域公共交通服务。例如,旅客前往德国A城市,乘坐汉莎航空到柏林,需要转乘火车云A城市,此时旅客便符合Rail&Fly的规定,可购买优惠火车票。但是搭乘往返阿姆斯特丹、布鲁塞尔、巴黎、巴塞尔、萨尔兹堡、维也纳及苏黎世的航班时,无法购买Rail&Fly车票。

知识拓展:德国联邦铁路公司

德国联邦铁路公司,总部位于柏林,前身是德国联邦铁路公司和德国国营铁路公司,成立于1994年,是一个私营股份公司。

AccesRail公司是一家位于加拿大魁北克的公司,是世界上众多国家如加拿大、德国、荷兰、挪威、西班牙、瑞典、英国等国的铁路公司的合作伙伴和重要的火车票代售商,同时为了方便航空旅客购买接驳换乘的火车票,AccesRail为其所销售的线路申请了国际航协IATA的代码9B。

德国Rail&Fly空铁联运合作方见表2-3。

旅客可以通过DB网站、AccessRail网站(需要提前24h订火车票)以及航空公司购买空铁联运票。旅客也可利用全球分销(GDS)系统的航空公司主页购买飞机票和火车票并办理出票手续。图2-5、图2-6即为AccesRail公司全球分销系统的订票和信息查询界面。

在德国配有3500余台德铁自动售票机,飞机起飞前72h,旅客即可凭取票码(DB-Auftragsnummer)在任一德铁自动售票机打印车票。订票时并未确定乘坐的火车车次,取票时可设定,因此不需要过早取票,图2-7即为德铁自动售取票机及取票界面。

德国 Rail&Fly 空铁联运合作方　　表 2-3

航 空 公 司	机 场	火车站
德国汉莎航空公司、俄罗斯国际航空公司、阿斯塔纳航空、柏林航空公司、中国国际航空公司、印度航空、马耳他航空公司、毛里求斯航空公司、摩尔多瓦航空公司、纳米比亚航空、加拿大越洋航空、意大利航空公司、美国航空公司、全日空航空公司、韩亚航空公司、白俄罗斯航空公司、保加利亚航空、国泰航空公司、中国东方航空公司、秃鹰航空、克罗地亚航空、塞浦路斯航空、埃及航空公司、以色列航空公司、阿联酋联空、埃塞俄比亚航空公司、阿提哈德航空、芬兰航空、德国之翼航空、海湾航空、海南航空公司、伊比利亚、冰岛航空、伊朗航空公司、日本航空公司、大韩航空、科威特航空公司、南美航空公司、马汉航空、马来西亚航空公司、蒙古航空公司、中东航空公司、阿曼航空、巴基斯坦国际航空公司、澳洲航空、卡塔尔航空公司、俄罗斯国家航空、摩洛哥皇家航空公司、约旦皇家航空公司、S7航空公司、新加坡航空公司、南非航空公司、斯里兰卡航空公司、叙利亚阿拉伯航空公司、南美巴西航空、葡萄牙航空公司、罗马尼亚航空、泰国航空、俄罗斯洲际航空、图依飞航空、突尼斯航空公司、土耳其航空公司、乌克兰国际航空公司、乌兹别克斯坦航空公司、越南航空公司、也门航空公司	阿姆斯特丹(AMS)、德累斯顿(DRS)、科隆波恩(CGN)、巴塞(BSL)、杜塞尔多夫(DUS)、慕尼黑(MUC)、柏林舍夫费尔德(SXF)、法兰克福(FRA)、明斯特-奥斯纳布吕克(FMO)、柏林泰格尔(TXL)、汉堡(HAM)、纽伦堡(NUE)、不来梅(BRE)、汉诺威(HAJ)、萨尔茨堡(SZG)、多特蒙德(DTM)、莱比锡哈雷(LEJ)、斯图加特(STR)	所有的德国铁路站(包括奥地利和瑞士)

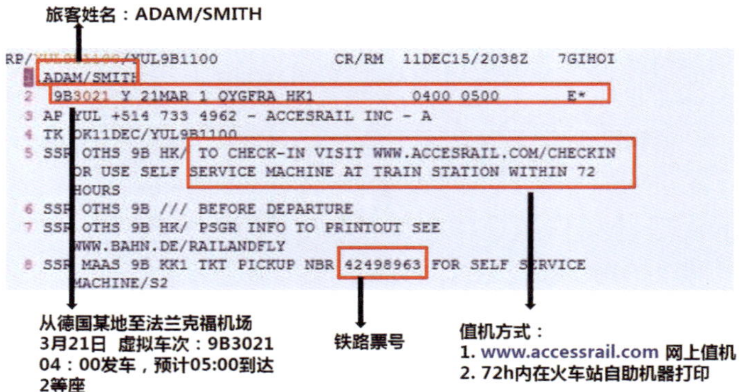

图 2-5　AccessRail 的 GDS 订票信息图

此外，旅客也可以通过 AccessRail 网站提供的 13 位电子客票代码自行打印空铁联运火车票。车票查询界面和票样分别如图 2-8、图 2-9 所示。需注意的是，铁路客票一经打印便不得更改，且只能在售出处退票。

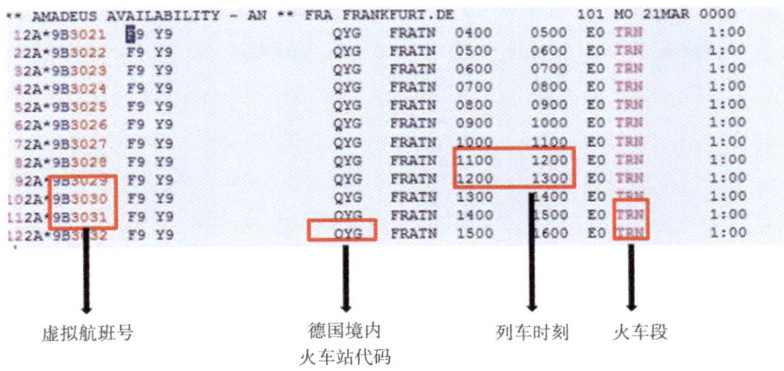

图 2-6 AccessRail 的 GDS 空铁联运信息查询显示图

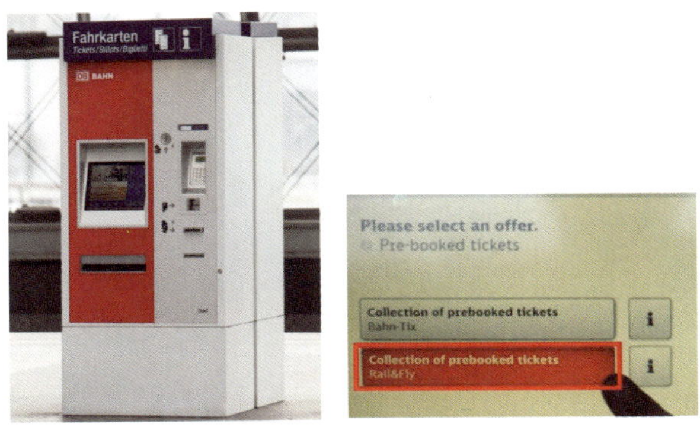

图 2-7 德铁自动售取票机及取票界面

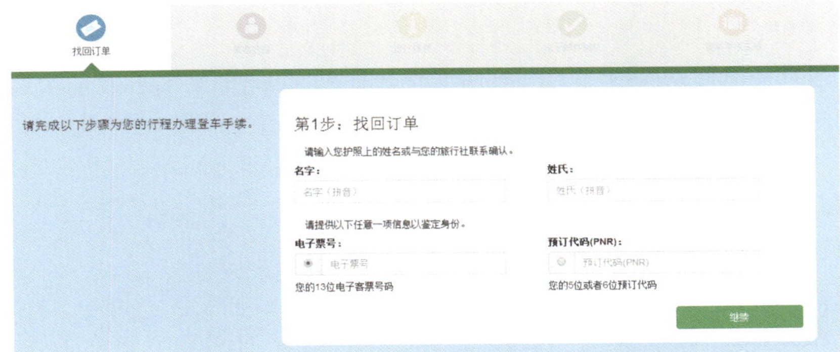

图 2-8 通过网站自行查询 Rail&Fly 火车票界面

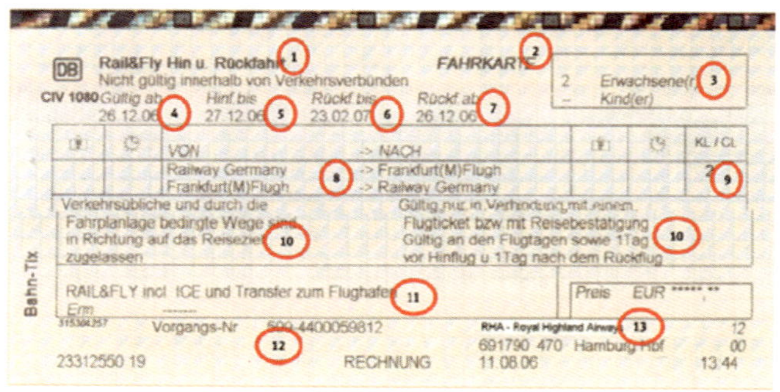

图 2-9　Rail&Fly 空铁联运票样

①-空铁联运客票;②-铁路客票/火车票;③-乘客类型(成年/儿童);④-有效期始于;⑤-去程日期;⑥-回程始发有效期;⑦-回程始发截止日期;⑧-路程;⑨-座位等级(二等座);⑩-其他限制条件;⑪-空铁联运客票;⑫-火车票号;⑬-合作航空公司

火车票有效期均为两个连续日,即班机抵达德国当天与次日、班机离德当天及前一日。例如:如果旅客在 4 月 1 日搭乘德国铁路至法兰克福机场并且同天在法兰克福机场搭乘航班,有效期则是 3 月 31 日至 4 月 1 日。如果旅客在 4 月 1 日搭乘德国铁路至法兰克福机场,并且在次日搭乘航班,则有效期为 4 月 1 日至 4 月 2 日。

(2)可前往的目的地及可乘坐的列车类型。

旅客可前往 6000 多个火车站,其中包括瑞士巴塞尔巴德车站(Basel Bad)和奥地利的萨尔兹堡车站。

Rail&Fly 车票适用于德铁各次列车,包括 IC/EC(城际 InterCity/欧洲城际 EuroCity)和 ICE(城际快运)列车,且无须额外支付费用。车票不限制具体的乘坐车次。但乘坐城市晚间线路的夜班列车和 ICE Sprinter,旅客必须提前付费预订。

Rail&Fly 车票不适用于 Thalys(巴黎—布鲁塞尔—科隆—阿姆斯特丹线高速列车)、DB-Autozug(Motorail)专列、包车及运输协会网络内的列车。图 2-10a),图 2-10b)分别为 IE/CE 和 ICE 线路图。

(3)机场接送服务。

由于德国境内并不是所有的机场都像法兰克福机场一样可以实现一体化垂直换乘,而是部分火车站和飞机场尚有一段距离,因此为了服务旅客便捷出行、实现联程运输便捷一体化换乘效果,德国推出机场到火车站的接驳大巴服务,如巴士 FXL。

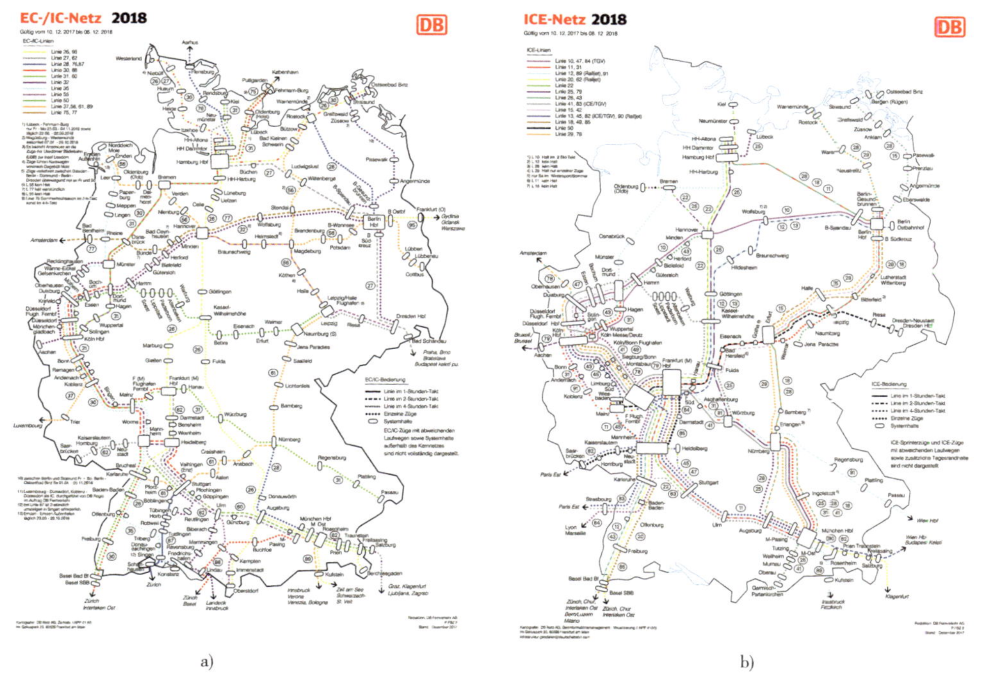

图 2-10　德国全境铁路网及 ICE 高铁专列线路图

3. 德国 AIRail

(1)产品介绍。

德国 AIRail 空铁联运产品由法兰克福机场、航空公司(汉莎航空公司、美国航空公司以及阿联酋航空公司)以及德国国铁(Deutsche Bahn AG)三方合作共同运营。AIRail 空铁联运提供的是法兰克福机场的火车站与斯图加特火车站、科隆火车站、杜塞尔多夫火车站和多特蒙德火车站之间的一种空铁联运服务。旅客可以往返于法兰克福机场与上述四个城市的火车站。

德国汉莎航空股份公司简称汉莎航空或德航,是德国最大的国家航空公司。它成立于 1953 年,总部位于德国科隆,基地机场为德国法兰克福机场。汉莎航空在全球拥有近 12 万员工,按照载客量和机队规模计算,为欧洲最大的航空公司;按照旅客载运量计算,为世界第四大航空公司。其飞行网络遍布全球 450 多个航空目的港,除航空运输外,汉莎航空还向客户提供一系列的整体服务方案。

(2)产品特点。

目前,德国 AIRail 空铁联运服务是全球空铁联运中发展最为成熟的,在联运的服务类型上是最全面的。AIRail 的空铁联运模式真正意义上实现了远程值机、行李托运和一票制,方便了旅客的出行。

(3)一票制。

旅客向航空公司够买飞机票的同时可获得一张高铁票。德国铁路将上述四个火车站按照国际航空运输协会(IATA)统一编制相三字代码,并与航空公司实行代码共享,使火车拥有了航班号,实现“零米支线飞行”。

(4)行李托运。

旅客可以在上述四个城市的火车站进行值机服务,同时将行李进行托运,由德铁负责铁路段的行李运输,同时按照航空标准给予安全保障。旅客可以在目的地的机场自行提取行李。

4. 瑞士 Flugzug

(1)产品介绍。

Flugzug 空铁联运是往返于苏黎世机场和巴塞尔火车站之间的一种空铁联运服务,该空铁联运服务由瑞士航空公司和瑞士联邦铁路局共同运营。其中,空铁联运票包含在瑞士航空机票中。图 2-11 为瑞士航空公司网上预订空铁联运产品的界面。

(2)产品特点。

大多数的飞机落地苏黎世机场后都有很多匹配的高铁与之衔接,每天约有 20 趟高铁往返于高铁站和机场之间,接驳时间大约 80min,乘坐飞机头等舱或者商务舱的旅客可以继续乘坐高铁头等舱,且可以获赠 1000 ~ 1500 的里程奖励。

(3)一票制。

旅客可以通过纸质票和手机二维码完成检票。

(4)行李托运。

旅客可以在瑞士境内任何一个火车站进行值机,同时可以将行李进行托运,每件行李收取 22 瑞士法郎。

5. 瑞士 Fly Rail Baggage Service

(1)产品介绍。

该产品是瑞士机场和瑞士火车站合作提供的一项旅行增值服务。该产品对从世界上任何一个机场出发乘飞机到达日内瓦机场或者苏黎世机场进入瑞士的旅客而言,无论乘坐哪个航空公司的航班,其行李均能直接运往瑞士境内的火车站。

图 2-11　瑞士航空公司网上预定空铁联运产品界面

(2)具体操作流程。

首先,旅客要向第三方代理公司购买空铁行李联运服务票证(图 2-12),第三方代理公司会事先根据乘客的行程,把票券和声明的大部分内容填写好,同时查询好旅客所乘飞机达到的时间和提取行李的火车站,告知旅客提取行李的时间。该票证一式两份,一份挂在行李上,用特殊绿色挂牌封好,中途不可撕开;另外一份则作为到达目的地的火车站提取行李的凭证。与绿色行李牌放在一起的还有一张“无需申报”的声明,旅客到达机场办理值机无需做任何特殊处理，正常办理托运值机即可，如图 2-13 所示。

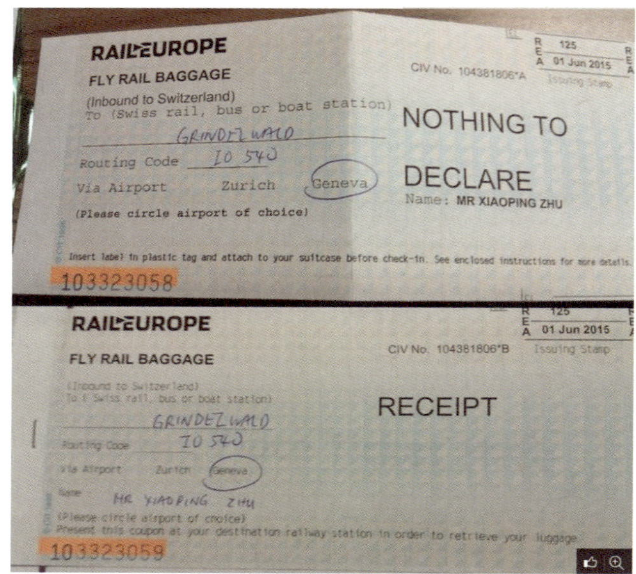

图 2-12　瑞士航空空铁联运行李托运服务行李票证

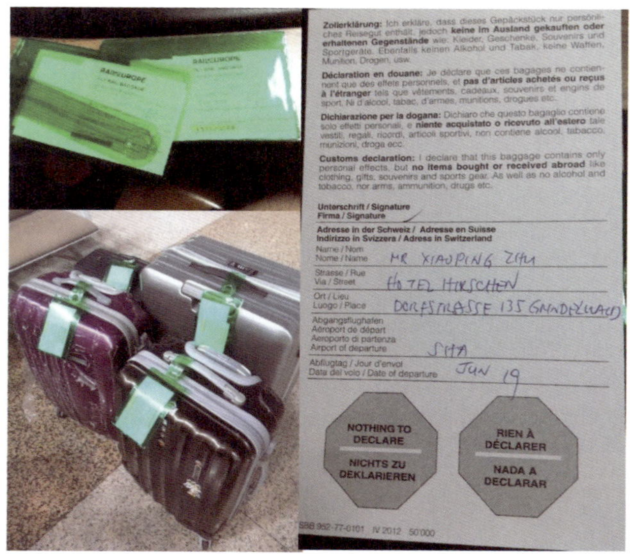

图 2-13　瑞士航空空铁联运行李托运服务行李牌和无责声明

目前,瑞士航空对该项行李联运产品进行了升级,使得“航空行李门到门快运服务”更加方便,旅客的行李直接运送至指定的酒店。

空铁行李联运服务票证内容包括出发机场、到达火车站的名称,以及提取行李时间说明。旅客到达瑞士机场后可以不马上提取行李,而是按照行李到达时间并在规定到达时间内在目的地的火车站提取行李。比如从日内瓦机场及苏黎世机场出发抵达瑞士后,如果旅客在当日下午15时之前入境,便可以在当日傍晚18时30分以后到达火车站提取行李;如果旅客入境时间为15时以后,则需要第二日上午8时之后去火车站提取行李。旅客的行李到达瑞士火车站后必须在5日之内提走,第6日开始按规定提取管理费。购买的行李联运服务券必须在购买后6个月内使用,并且该证只提供单程服务。

6. 法兰克福空铁联运

法兰克福国际机场(IATA:FRA,ICAO:EDDF),位于德国黑森州法兰克福,是德国的国家航空公司——德国汉莎航空公司的一个基地。由于法兰克福的容量有限,因此汉莎航空公司将业务分别放在法兰克福机场和慕尼黑国际机场。虽然法兰克福国际机场的客运量不及戴高乐机场和希思罗机场,但还是欧洲第三大机场。相比伦敦的希斯罗国际机场法兰克福国际机场可以提供更多的飞行目的地。

(1)法兰克福机场火车站。

法兰克福有三个主要火车站,其中在机场有两个,分别是长途火车站和区域火车站。法兰克福机场火车站区分为长途火车站及区域火车站。长途火车站停靠在第4~7月台,每天均都有多班高速火车(ICE或IC)前往德国境内或欧洲内陆的主要城市,如汉堡、汉诺瓦、杜塞道夫、科隆、纽伦堡、斯徒加特、慕尼黑、柏林等,旅客可在此处购买火车票及候车。区域火车站的列车(Regional Trains),停靠在第1~3月台,目前有S8和S9两条地铁路线,是前往法兰克福市区或法兰克福火车总站最方便的选择。这两条地铁线每隔15min就有一班列车(假日除外),其车票可在自动贩卖机或在旅游中心购买。图2-14为法兰克福综合交通枢纽结构示意图。

(2)法兰克福空铁联运产生的条件。

①欧洲有丰富的铁路网络,且法兰克福坐落在铁路网中。

②法兰克福一体化的交通运输换乘结构,为空铁联运的发展提供了必备条件。

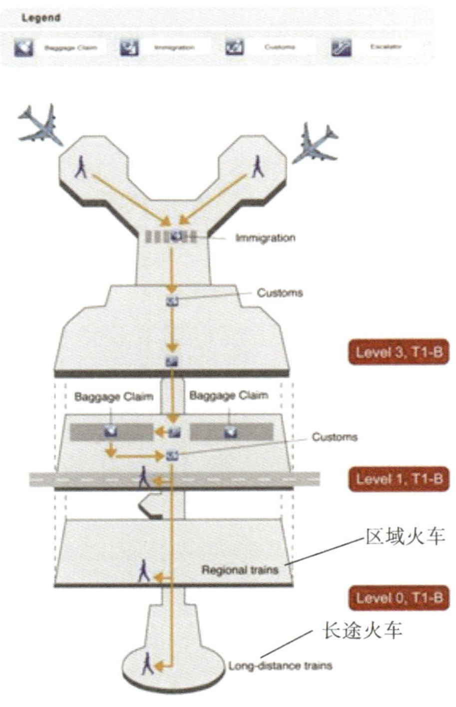

图 2-14　法兰克福综合交通枢纽结构示意图

③机场、铁路和航空公司通力合作、协调与沟通,共同推出空铁联运产品。

(3)法兰克福空铁联运产生的背景。

德国机场协会在 1996 年进行了一次调查,据调查显示,大量居住在德国边缘城市的旅客将会流失到其他国家的机场中去。于是,为了巩固和扩大德国机场的市场资源,汉莎航空公司和德国高铁联合开发空铁联运产品来吸引客源,并积极扩大机场腹地。该联运产品利用发展成熟的德国高速铁路网络以及利用法兰克福机场和火车站一体化垂直换乘的先决条件,为旅客提供了更为便利的空铁联运服务。

二、公铁联运案例

欧洲国家的铁路运营和我国有很大的区别。首先,除了西班牙、法国、德国等少数几个国家有自己相对统一的国家铁路公司之外,其他多数国家的铁路运营市场化程度较高，一般由多家公司同时运营，票种多样，票制灵活，商业模式也丰富；其次，欧洲的铁路种类多，包括距离较短的接驳铁路、城际铁路、区域铁路、跨国铁路等；同时，欧洲铁路线路和站点较多，发车密度高。因此，较高的服务能力和市场化程度使得铁路成为欧洲人出行的重要方式，甚至一定程度上替代了民航。

美国的铁路由美国国家铁路客运公司（Amtrak）负责运营，但与欧洲不同的是，美国拥有高度发达的民航和高速公路网络，因此美国人出行一般会选择飞机或者自驾，铁路的选择优先级不高。

欧美国家目前推出的公铁联运服务对象多数是旅游人群，巴士一般作为铁路运输段的"毛细血管"出现，是旅游人群完成到达景区前最后一公里的主要交通方式。由于欧美国家公路、铁路运营市场化程度较高，因此能够实现"一站式""一票式"的公铁联运服务。总体上，美国的公铁联运服务相对于欧洲来说较为发达，这与美国铁路运营商相对欧洲更为统一以及美国的高速公路网更加发达有关。

1. 美铁 Amtrak Thruway 服务

美国国家铁路客运公司（National Railroad Passenger Corporation of the USA，Amtrak），简称美国国铁或者美铁，是美国最大的一家城际铁路客运公司，于1971 年 5 月 1 日成立，总部位于哥伦比亚特区华盛顿联合车站。美铁是一家国有企业，对美国国会负责，起初创立的原因是为了免除铁路公司提供客运服务的法律责任。20 世纪 70 年代，随着州际高速公路网的建立，铁路客运也同时逐渐衰退，许多铁路公司因不堪客运亏损而请求关闭大部分的客运线，但时任总统尼克松和国会议员不愿见到铁路客运在他们任期内消失，于是他们通过了铁路客运服务法案，创立了美铁，在免除所有加入美铁系统的铁路公司提供客运服务的法律责任同时，赋予美铁在铁路公司拥有路线上受到保护的客运经营权。

为了将服务延伸至未开通铁路的城市，尤其是著名的旅游地区（如加州），美铁公司与众多客运企业合作，在全国范围内开通了地面交通接驳服务（Amtrak Thruway Service）。该地面接驳服务以高速公路巴士服务为主，在个别线路还提供市郊铁路（由地方小型支线铁路公司运营）、出租汽车服务，服务线路（图 2-15）。美铁接驳服务开行的线路覆盖美国全境，具体线路和站点数量见表 2-4。

图 2-15　加州地区美铁接驳服务线路

Amtrak Thruway 服务开行线路站点情况　　　　表 2-4

地区	站点数量	线路数量	提供联程客票线路数量
中西部	33	14	8
西北部	27	15	11
东北部	26	11	9
西部	37	20	15
东部	32	13	6
加州	164	23	23
合计	319	96	72

美铁 Amtrak Thruway 服务是一种典型的公铁联运服务。旅客出行时可以在美铁官网上输入出发地和目的地信息，如果火车线路无法直达，则会显示 Amtrak Thruway 服务提供的铁路和巴士的组合出行方案（包括两段和多段联程），旅客可自行选择并一次性购买联程客票，其订票界面和票样分别如图 2-16、图 2-17 所示。乘坐美铁列车到站之后无缝换乘巴士等交通工具直达目的地，但目前暂未实现行李直挂运输。

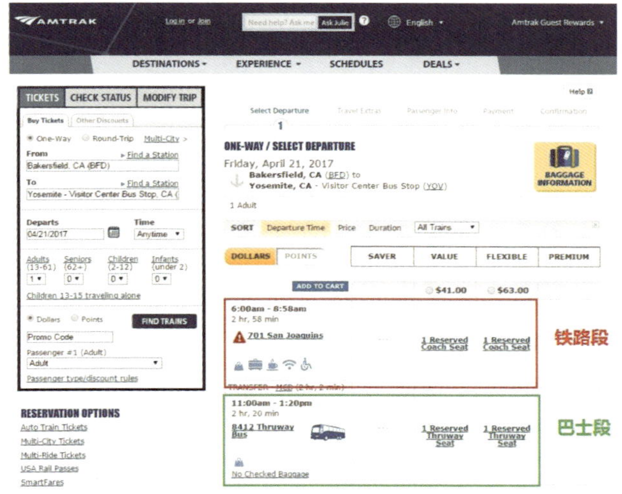

图 2-16　美铁官网 Amtrak Thruway 服务订票界面

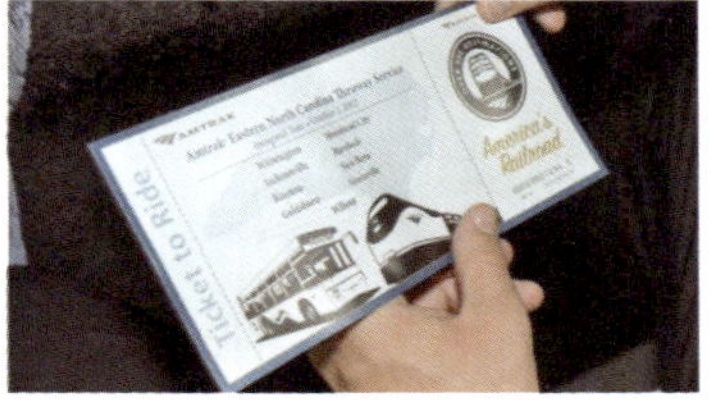

图 2-17　Amtrak Thruway 票样

2. 法铁 iDTGV-COACH 服务

与美铁大巴接驳服务类似，法铁公司（SNCF）也推出了公铁联运产品 iDTGV-COACH，这项服务的线路主要拓展延伸了从首都巴黎市至东南部部分城市的铁路线路，其巴士线路可到达法国东南部边境地区的 14 个城市（图 2-18），旅客在购票时一次性购买一张统一的纸质客票,包含铁路段和大巴段行程,并且保证在大巴段有座,法铁 iDTGV-COACH 的票务预订界面及联运票样如图 2-19 和图 2-20 所示。

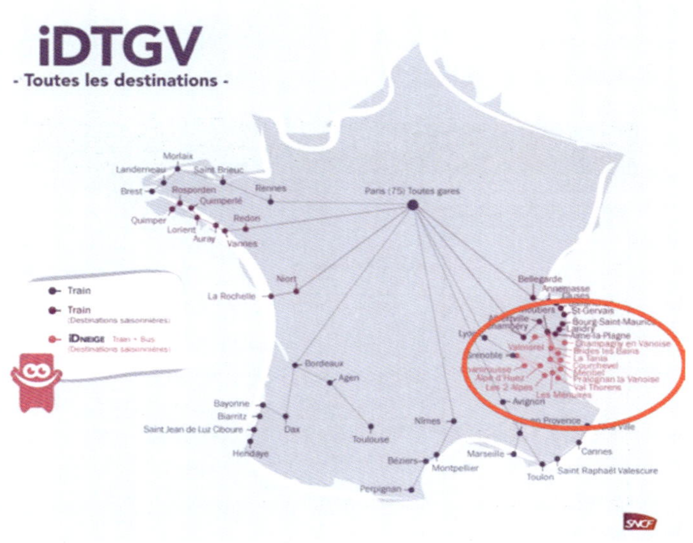

图 2-18　法铁 iDTGV-COACH 服务线路图

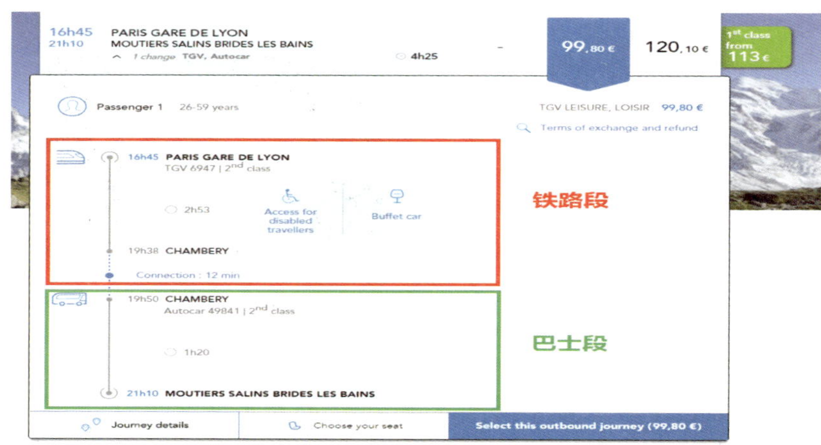

图 2-19　法铁 iDTGV-COACH 服务预订图

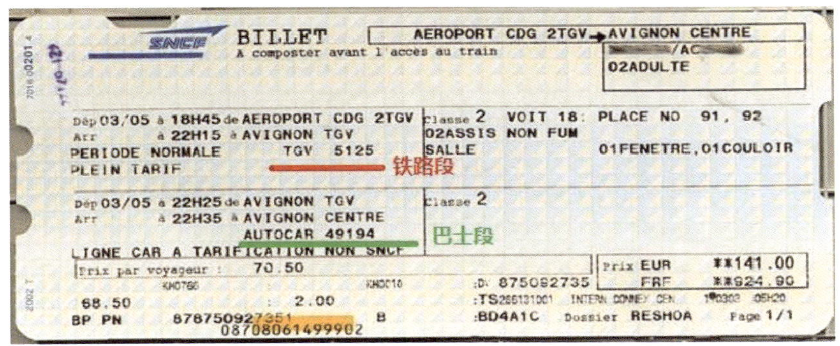

图 2-20　法铁 iDTGV－COACH 联运票样

三、Auto Train 服务

Auto Train（或称为 Motorail）服务是指旅客在乘坐火车出行时可将自己的小汽车、摩托车等私人交通工具随火车运输，到达目的地后再取回继续使用的服务。这种列车由客运车厢和能装载运送小汽车等其他交通工具的货运车厢组成，一般在夜间开行。Auto Train 服务在世界范围内较为普遍，欧洲的奥地利、德国、意大利、荷兰、土耳其、捷克斯洛伐克、芬兰、法国、波兰、瑞士、英国等国家，以及澳大利亚、日本、加拿大、智利、美国等国家都可为旅客提供 Auto Train 服务。

欧洲提供 Auto Train 服务的国家较多，这得益于遍布整个欧洲的发达的跨国铁路网，Auto Train 服务的范围和线路也具有特殊的跨境特征，如奥地利—德国、奥地利—意大利等国家之间的线路。除此之外，德国、奥地利、斯洛伐克、芬兰、法国等国家也运营自己国内的 Auto Train 服务。

Auto Train 服务诞生的时间非常早，起初多由各国国营铁路公司运营，但后期不少国家都因为经营问题停止了服务，最后则由一些私营公司继续提供服务或彻底停止服务。

1. 美国

美国的高速公路发达，私家车保有量非常高，因此美国人出行的首选就是私家车。美铁公司（Amtrak）在华盛顿特区和奥兰多市之间推出了用火车运送私家车（Auto Train）的服务，使得旅客花费几百美元即可避开高速公路上的拥堵，欣赏沿途美景，同时减少私家车的磨损。旅客到达目的地后无需租车，仍旧可以继续驾驶私家车。图 2-21 为美铁 Auto-Train 的预订界面、图 2-22 为美国 Auto-Train 列车。

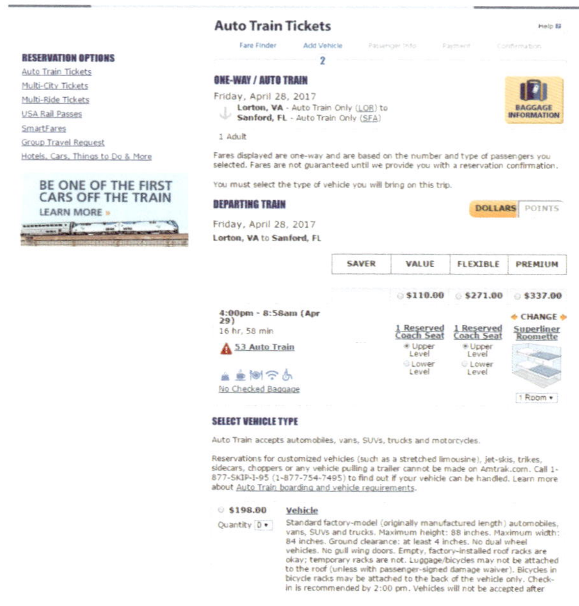

图 2-21　美铁 Auto Train 预订界面

图 2-22　美国 Auto Train 列车

2. 法国

在法铁公司(SNCF)也同样有类似的为旅客运送交通工具的服务,交通工具种类包括自行车、摩托车、小汽车等,旅客最早可以提前6个月预订,其服务线路为首都巴黎市至全国的其他12个城市以及其他城市间的线路,如图2-23所示。

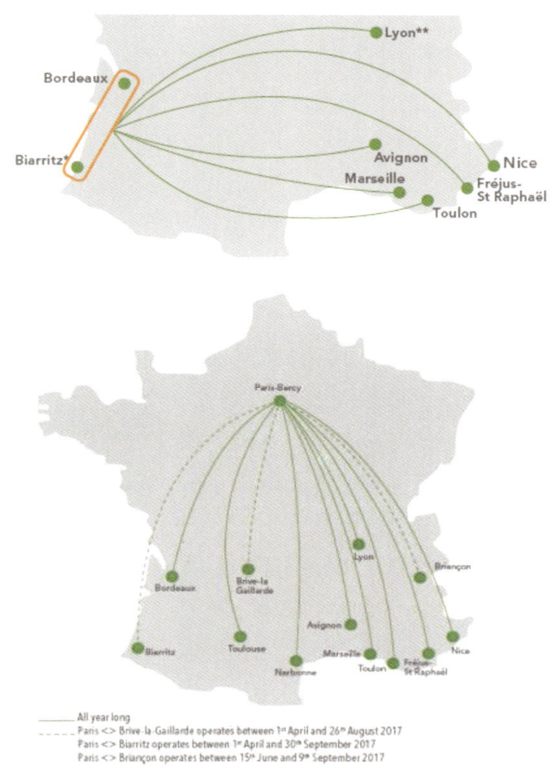

图2-23 法铁 Auto Train 服务线路

旅客或者旅客本人指定的其他人可以在目的地取回自己的交通工具,也可以将大件行李放置在私家车里一同运输到目的地。但值得注意的是,这种运送交通工具的火车为专列,旅客自己需要另外选择其他方式到达目的地。

3. 德国、奥地利、意大利、土耳其四国跨境 Auto Train 服务

德铁公司(DB)成立了专门运营此服务的 DB Autozug 公司,但由于营收原因,于2016年10月停止服务。之后,该服务中德国至奥地利间的线路被奥地利国铁公司(OBB)接管,另一部分线路被德国的其他几家旅游公司接管;奥地利国铁公司运营的夜间列车都有汽车运输车厢,每晚都会有运输汽车的火车抵

达奥地利、德国、意大利的不同城市；而意大利铁路公司 Trenitalia 运营的 Auto Train 服务于 2011 年 12 月 12 日停止，后由私营公司 Arenaways 接管，但由于后期受 Trenitalia 公司的影响，Arenaways 公司破产，意大利的 Auto Train 服务全部停止。目前，德国旅游公司 Treinreiswinkel 和奥地利国铁公司（OBB）季节性地在意大利至德国和意大利境内的个别线路上提供 Auto Train 服务。土耳其的 Auto Train 服务线路只有一条，从奥地利至土耳其，途经斯洛文尼亚、克罗地亚、塞尔维亚和保加利亚，线路长 1400km，行程时间 30h，由 Optima Tours 公司运营。

德国、奥地利、意大利、土耳其四国跨境 Auto Train 服务的线路，如图 2-24 所示。

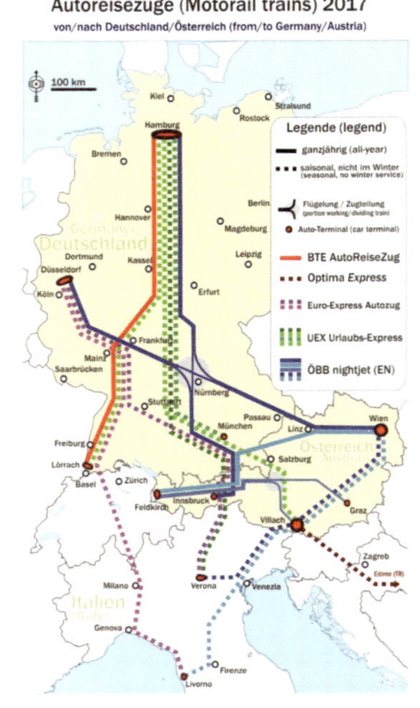

图 2-24　德国、奥地利、意大利、土耳其四国跨境 Auto Train 服务线路

4. 其他国家

英铁公司于 1955 年在多个城市推出 Auto Train 服务，但是在 20 世纪 90 年代停止服务。1998 年，一家私营公司（First Great Western）接手该项服务，但只运营伦敦至彭赞斯的线路。由于经营原因，2005 年 9 月停止了服务。

荷兰曾经有两家公司经营过 Auto Train 服务。一家是 Euro-Express trein charter 公司，服务线路覆盖荷兰、斯洛文尼亚、意大利、法国等国家，于 2015 年 4 月停止服务。同年 5 月，荷兰旅游公司 Treinreiswinkel 开展同类服务，但只运营德国杜塞尔多夫至意大利维罗那、里窝那的线路。

波兰的 Auto Train 服务最早在 20 世纪 80 年代由 PKP 公司提供，覆盖波兰的 8 个城市，但 10 年之后 PKP 将运营线路减少至 1 条，后期由于普及度和营收的原因，最终在 2004 年停止了服务。

日本国家铁路公司于 1985—1999 年推出 Auto Train 服务，但最终也停止了服务，影响因素包括对运输车辆尺寸的严格限制、列车缺少娱乐设施、运营公司收入分成，以及长途轮船运输以及“航空 + 租车”服务的冲击。

四、空巴联运案例

与空铁联运相比，空巴联运在欧美国家的案例并不多。

在美国，由于美国小汽车保有量大，租车行业发达、服务水平高且流程便捷，民航网络发达，因此美国人长途出行的主流交通方式是“飞机 + 小汽车”，巴士未成为航空出行旅客换乘接驳的主流方式。

欧洲的综合客运枢纽是世界范围内的典范，不但换乘距离短，而且还实现了民航、铁路两大交通方式的无缝换乘和衔接，这与其客运枢纽规划建设水平和客运量规模有关。法国巴黎的戴高乐机场、英国伦敦的希斯罗机场、德国的法兰克福机场、荷兰的阿姆斯特丹机场、瑞士的苏黎世机场等欧洲大陆主要机场的航站楼都引入了铁路车站，并且实现了航空和铁路的垂直换乘，加之其拥有密级的铁路线网和班次，旅客下了飞机后可以迅速地直达铁路站台，基本实现随到随走。虽然欧洲各大机场都开行了巴士，但目前机场、航空公司和巴士公司尚未进行更加深入的商业合作来推出专门的空巴联运产品，旅客到达机场之后仍需到机场的巴士站购票离开，因此，航空出行旅客不会将巴士作为首选接驳方式。

第三节　国外发展经验借鉴与启示

(1)市场化运营是推动旅客联运发展的重要前提。

从国外经验来看，欧美国家铁路、公路、民航等客运领域的市场化程度都较高，为公路和铁路企业间的深度合作创造了有利条件，双方可以充分利用公铁线网资源和灵活的定价机制，为旅客提供更多的线路选择、更好的一站式服务。未来我国旅客联运发展有赖于客运市场的进一步改革和开放。

(2)政府支持引导是旅客联运健康发展的重要保障。

旅客联运涉及环节多、参与主体复杂、利益诉求多元，在其发展的初始阶段，亟需政府层面加以引导、扶持和监督，以营造良好市场秩序。欧美发达国家的旅客联运发展历程表明，在旅客联运发展起步阶段由政府适度扶持，旅客联运发展步入正轨后政府部门实施严格监管，对保障旅客联运健康发展意义重大。

(3)设施高效衔接是提升联运品质的重要依托。

旅客联运涉及多个运输环节，旅客需要多次换乘，这些换乘都以综合客运枢纽为载体进行。欧美等发达国家和地区的旅客联运发展较好，与其综合客运枢纽一体化运营管理、换乘设施便捷高效息息相关。欧美等发达国家和地区在规划设计枢纽换乘站时，紧紧围绕旅客的感受和体验，充分考虑旅客对换乘时间、换乘通道、电梯传送带、等待时间、售票机点位及通达性等诸多因素，有力保障了枢纽内各种运输方式的便捷换乘。

（4）加强技术应用是发展旅客联运的重要支撑。

在旅客联运相关技术研发方面，我国处于起步阶段，电子客票及相关系统建设一直存在问题。欧盟从20世纪末开始便实施了众多关于旅客联运的技术研究项目，特别是在电子票务和信息系统方面，欧盟在IST项目、TAP-T项目中也开展了众多的研究和示范应用，并且在EU-SPIRIT和TRANS-3（Trans-Basel）项目中首次建立欧洲区域内的欧洲联运信息系统。上述技术的研发，为在欧盟范围内发展旅客联运，特别是为不同运输方式间的信息的互联互通，提供了技术保障。

（5）组建企业联盟是旅客联运发展的有效载体。

国外在推动旅客联运发展的过程中，非常重视企业联盟的作用。欧盟利用三年的时间建立了空铁旅客联运联盟，成员包括航空公司、铁路公司、民航机场、铁路车站企业等。该联盟致力于从空铁联运专享服务、网络分销系统以及相关保护协议等方面，深刻挖掘旅客联运发展瓶颈并寻找解决方法，为机场、铁路、民航和旅客间实现互利共赢发挥了重要作用。在当前我国综合交通运输体制机制尚未完全理顺的条件下，可借鉴学习欧盟经验，鼓励和支持企业间建立旅客联运联盟，在商业模式创新、竞合关系处理、权利义务划分等方面积极探索并逐步复制推广。

第三章　国内旅客联程运输发展现状及案例

第一节　我国旅客联程运输发展现状

一、业务开展情况

1. 业务开展范围

目前，在长三角、珠三角、京津冀等城市群地区，铁路、公路、民航，以及城际轨道交通基础设施网络比较发达，发展旅客联运的条件更为成熟，旅客跨方式联程出行和客运企业发展旅客联运的需求较为旺盛；在辽宁、安徽、福建、江西、山东、河南、湖北、广西、四川等经济相对发达的地区，旅客联运业务也有不同程度的开展；在“一带一路”倡议的刺激下，陕西等少数西部地区也在积极筹划开展空铁联运等联运服务。

2. 业务经营主体

国内旅客联运经营主体主要是旅客运输企业和运输场站经营企业。从调研情况看，民航是目前旅客联运的主导运输方式，东方航空、南方航空、春秋航空等企业均开展了空铁联运、空巴联运等联运服务，成为旅客联运的主流模式；天津滨海机场、深圳宝安机场等机场企业，也通过与地方铁路、道路运输企业合作，推出了“空铁通”“空铁快线”“空巴联运”等服务产品，积极拓展旅客联运业务。

3. 典型业务模式

目前，我国现有的与旅客联运相关的运营服务主要有以下 5 种模式：

(1)空铁联运。

空铁联运指将高速铁路与民航运输有效衔接，形成空铁一体化的运输链条，为旅客提供高效便捷的联运服务。主要有两种组织形式：第一种是基于虚拟航班的空铁联运服务。航空公司根据旅客需求，将铁路班次通过虚拟航班形式录入民航售票系统，旅客一次性购买飞机票和火车票，在下飞机后凭身份证去火车站指定窗口领取火车票完成铁路端出行。第二种是基于“捆绑销售”的空铁联运服务。将铁路车票作为民航机票的附赠，旅客通过航空公司或在线旅行平台购买空铁联运服务产品，即可自动获赠联程铁路客票。

(2)空巴联运。

空巴联运指通过营运客车（机场大巴或公交车）连接机场与出行起讫点，实现公路与航空两种运输方式联运的服务模式，是民航机场一种重要的基础性集疏运手段，提升了机场对周边城市的辐射能力。空巴联运的合作方一般为机场和道路客运企业，运营线路类型包括由机场运营的机场大巴或空港快线、由道路客运企业运营的道路客运班线两种。

(3)空海联运。

空海联运指将民航运输与客船或邮轮运输相结合，为旅客提供跨民航与水运两种运输方式的联运服务，参与方包括民航机场、港口集团、船公司等。目前，国内开展空海联运的城市主要是天津和深圳。这两个城市利用空港和海港条件，大力发展空港经济和邮轮产业，带动了空海联运业务的发展。以天津为例，旅客乘飞机抵达天津机场后，换乘由旅行社提供的包车到达天津港国际邮轮码头，直接乘坐邮轮前往旅游目的地，全程只需购票一次。

(4)公铁联运。

公铁联运是指将道路运输与铁路运输相结合，为旅客提供跨方式的联运服务，参与方包括铁路运输企业、火车站、道路客运企业等。目前，国内开展的公铁联运，第一种是通过高铁站配套公路客运站、综合客运枢纽，开展公铁联运服务；第二种通过高铁无轨站或在火车站附近设立接驳点等方式实现道路和铁路的旅客联运；第三种是针对相距较远的高铁站和汽车站，通过加强站间衔接、强化协调联动，为旅客提供公铁联运服务。

(5)第三方旅客联运服务。

第三方旅客联运服务是由在线出行服务平台整合不同运输方式的票务信息资源，为旅客提供客票信息查询、跨方式出行规划、联程客票销售、行李寄送等“一站式”出行服务的联运服务模式。目前，国内在线出行服务平台主要有携程网、去哪儿网、途牛网等。

二、主要做法和经验

1. 坚持市场主导，发挥企业主体作用

各地坚持市场主导，鼓励不同方式运输企业通过签订双方或多方合作协议

的形式,加快旅客联程运输发展。例如,江苏大运集团成立了车巴达网络科技公司,推出"巴士管家"网络售票客户端,该客户端自2015年7月上线以来,已拥有1000万注册用户,成为长三角地区重要的线上支付平台和网上售票平台,日均售票8万余张(其中火车票5000张),并相继推出定制快车、城际拼车、机场接送、定制包车等定制化服务产品。东方航空和上海铁路局创新组织模式,推出基于"零米支线"飞行理念的"空铁通"联运产品,将高铁作为航空服务的延伸,通过在民航售票系统中引入虚拟航班的形式,实现旅客的"一站式"购票,2016年运送空铁联程运输旅客7.7万人次。宁波市则依托"宁波通"手机客户端为旅客提供联运票务服务,成为集铁路、公路、水运、航空等多种运输方式"一站式"客运联网售票平台。2016年底,"宁波通"拥有120万用户,并实现了长途客运购票、铁路余票和航空信息查询等功能。

2. 加强协同联动,整合各类运输资源

以深圳市为例,2008年,深圳市交通运输委员会联合市财政委员会、市文体旅游局、深圳机场、航空公司等企业单位,整合多方资源共同推出"深圳飞"项目,为旅客乘机提供无缝衔接的"空铁""空巴""空海"等联运服务。截至2017年3月,"深圳飞"项目仅城市候机楼服务即运送旅客2570余万人次,并以每年9%的速度增长。又如天津机场在与天津港和各大旅行社深化合作的基础上,于2015年推出空海联运服务,通过异地候机楼等方式吸引旅客通过空海联程运输产品出行,2016年联运规模达3.2万人次,同比增长4.3倍,预计2017年将达4万人次以上。同时,天津机场与第三方快递公司合作,采取"门到门"方式为旅客提供"行李管家"服务,也取得较大的反响。杭州萧山机场在浙江省内各大城市设置了城市(异地)候机楼,并配备安检设备、行李运输人员,旅客在候机楼办理行李托运手续,即可在目的地机场提取行李,实现了行李直挂,提升了旅客的出行体验。

3. 完善法规政策,营造良好发展环境

各地纷纷出台政策,对旅客联运发展给予引导和支持。例如,四川省制定了《"互联网+"道路运输公众出行服务工作推进方案》,开放全省联网售票系统数据,引入第三方互联网平台企业,实现了旅客联运票务信息的一站式查询、购买,有效提升了旅客出行效率。河南省针对运输企业开展旅客联运过程中遇到的突出问题,印发专项通知,明确民航客运班车、线路、经营许可参照道路班线客运管理,机场候机楼参照汽车客运站管理,并明确了民航客运班车、候机楼和候机服务中心的安全管理责任主体。吉林省则明确鼓励开通机场、高铁站直达城镇、旅游景区和客运枢纽的中短途客运班线，对从事机场、高铁快线等定线且单程在100km以内的班线，在确保安全的前提下可以不受凌晨2～5时的通行限制。

4. 健全标准规范，夯实旅客联运发展基础

在部级层面，交通运输部发布了《综合交通运输标准体系(2015)》(交办科技〔2015〕80号)，其中涉及联运术语、服务、信息化三个方面的11项标准。截至2017年底，已发布《旅客联运术语》(JT/T 1109—2017)、《旅客联运服务质量要求　第1部分：空铁旅客联运》(JT/T 1114.1—2017)2项标准，其他标准也将在未来几年陆续发布。

在地方层面，各地也积极制定地方标准，如江苏省制定了团体标准《汽车客运站功能要求及评价指标》，率先提出了汽车客运站在旅客联运方面的设施配备要求；镇江市正加快研究制定《公铁综合客运枢纽运营服务规范》《"空巴通"旅客联运服务规范》等地方标准，为促进旅客联运发展夯实了基础。

三、存在的问题

总体来看，目前我国旅客联运发展还处于起步阶段，现有服务模式多为形式上的跨方式组合运输，面临着诸多困难和问题。主要表现在：

1. 发展水平较低

旅客联运涉及多种运输方式的一体化组织与深度融合，需要以基础设施的衔接、票务信息的互通、清算系统的建立、运输组织的协同、服务规则的统一、市场主体的整合等多方面条件为支撑，以充分发挥不同运输的组合效率，实现"一站式购票、一证式出行、一体化组织、无缝化衔接、人性化服务"。目前，我国旅客联运距离上述目标还有很大差距。即使是发展模式较为成熟、客流规模最大的东航"空铁通"，2016年完成的联运客运量也只有约7.7万人次，不足当年东航旅客运输量的1‰。受各种运输方式安检标准不一、安检结果不互认、未设置封闭换乘转运通道、行李运输责任划分和赔付机制不明确、行李转运环节成本高等因素制约。目前，我国行李直挂运输发展缓慢，无法做到人和行李的分离。同时，在同一枢纽换乘过程中需要重复安检。旅客出行问卷调查显示，近六成调查旅客认为"多次安检"严重影响旅客出行效率。

2. 发展基础薄弱

各地推行的空铁联运、空巴联运、空海联运等服务产品，多是民航运输企业或机场公司为扩大市场份额,向民航旅客提供与机票相衔接的优惠高铁票、汽车票或船票,本质上是运输企业基于市场经营考虑采取的一种营销策略;其售票方式也多为民航运输企业依靠本系统的信息资源,自行为旅客购买其他方式的车(船)票,而不是基于跨方式的票务信息互联互通,由旅客通过跨方式的实时信息查询和动态行程规划,自主购买联程票实现的"一站式购票、一证式出行"。另外,联运企业间合作关系松散,大多通过签署双边或多边合作协议的形式来实现,服务模式和标准也难以统一、运输组织不协同,难以及时应对上一出行环节航班(车次)晚点产生的车票退改签需求。

3. 市场主体不成熟

目前,国内还缺乏为旅客出行全程负责的经营主体。旅客联运的高效运作需要专业化、规模化的市场主体对旅客的全程运输负责。目前,我国既有的空铁联运、空巴联运等经营模式,基本上还属于一种运输方式主导、其他运输方式参与的形式,缺乏真正意义上全程负责的旅客联运经营主体,旅客联运第三方经营主体发展不充分。目前,旅客联运大部分是由实际运输企业承担开展,第三方经营主体开展旅客联运服务的较少,仅有携程等在线旅游服务商在联运行程规划和票务方面做出了初步尝试。

4. 社会公众对部分领域旅客联运期盼较高

调研发现,社会公众对部分领域、特定条件下的旅客联运有较高期盼。一是旅客夜间到站疏运问题。旅客出行的"最后一公里",直接影响着联运效率和旅客体验。从调研情况看,一些中小城市对接火车站、机场的公共交通能力(公交车、轨道)白天都能基本匹配,但夜间接站能力与旅客需求仍有一定差距,个别地方群众反映强烈。主要原因是铁路、民航企业尚未与城市公交企业间建立旅客集疏运需求信息动态联络机制,夜间公交运力投放只能凭经验操作,而依靠市场机制又难以解决这一问题。二是残疾人等特殊群体的出行衔接问题。总体看,铁路、民航等企业自身对残疾人等特殊群体出行均有较为完备的运输组织方案,但两种运输方式之间的衔接问题仍是空白,依靠市场难以解决。三是企业行李直挂问题。目前,旅客对行李直挂业务需求较为迫切,普遍希望联运企业能提供行李直挂服务;但运输企业考虑责任划分、行李转运风险等因素,对开展行李直挂服务缺乏积极性。

5. 行业发展缺乏共识

目前,各行业对旅客联运的定义、内涵、需求等方面的认识以及参与的积极性等方面还存在很大差异，尚未形成基本共识，给旅客联运发展造成了一定障碍。例如，在联运方式上，人们对旅客联运是否仅限于对外运输方式、是否必须包括两种及以上运输方式、是否包含城市公共交通等认识不一致。在参与的积极性方面，道路运输系统受客流下降、转型升级压力等因素影响，与其他运输方式协作发展联程运输的积极性较强；民航企业为提高竞争力，也有一定积极性；但铁路系统的积极性明显不足。

6. 基础设施不适应

各种运输方式的枢纽场站普遍存在规划建设不协同的问题。铁路场站、公路客运站、民航机场等交通基础设施衔接不顺畅，综合客运枢纽内各运输方式站场建设标准不统一，联运设施不完善，运营管理不统一，售取票设备、标志标识、停车设施等均难以满足旅客联运的需求。目前，全国有民用航空机场数量约210个，其中与铁路相衔接的综合客运枢纽仅有上海虹桥枢纽、石家庄正定机场、兰州中川机场和在建的北京新机场等少数几个，大部分的民航机场都没有与火车站统一建设。即便是上海虹桥枢纽等一体化建设的综合枢纽，也没有实现立体化换乘，而是以平面换乘布局为主，普遍存在换乘距离远，换乘通道、联程运输停车设施、火车站配建候机楼、联运标志标识等配套设施不足等问题，与旅客联运需求还有较大差距。旅客出行问卷调查数据显示，近六成调查旅客认为，“换乘距离较远”是影响出行体验的主要问题。

7. 信息共享难度较大

各行业普遍认为，不同运输方式间运营信息不共享是制约旅客联运发展的关键问题和主要瓶颈，这主要体现在如下两个方面。一是票务信息不共享。据旅客出行问卷调查数据显示，69%的旅客认为用身份证“一证走天下”是旅客联运最迫切的需求，显示出旅客对目前各种运输方式票务信息不共享的不满。目前，铁路和民航虽已建立了统一的票务系统，但相互之间完全独立运行；道路客运联网售票系统过于分散，尚未实现区域和全国联网，且接口标准不一致，实名制尚未实行，不能满足与铁路、民航系统互联互通的需求，无法实现“一站式购票”。另外，受高铁车票需求旺盛等因素影响，铁路系统与民航、公路运输或第三方互联网售票平台开展票务信息合作的动力严重缺乏。二是运营信息不共享。长期以来，铁路、公路、民航系统运营调度相互独立，信息共享、协调联动未形成长效化机制，跨方式旅客联运出行信息服务平台尚未建立，不同运输方式间的运营线路（航线）开通、调整，运行时刻的变化，航班（车次、班次）的晚点信息，航班（车次、班次）的临时变更信息、到达旅客规模信息以及应急信息都不能实现有效共享，难以实现跨方式的运输组织协同和全程一体化的动态查询。

8. 法规标准不协调

目前，我国仍存在综合交通运输立法滞后、跨运输方式的协同协作缺乏法规依据、现有单一运输方式法律法规缺乏适用于旅客联运的条款，且存在与旅客联运发展不协调的问题。例如，多数连接机场和城市候机楼的线路属于道路客运班线范畴，根据现有道路客运班线许可条件，要求起讫点应在汽车客运站（许多机场不具备条件），且不能使用公交站点上下客，制约了城市候机楼的发展。另外，旅客联运相关标准规范缺失，信息互通、数据接口、票制格式、联运规则等标准规范基本处于空白状态。不同运输方式对行李安检、危险品目录界定等标准规范不一致，即使在同一个综合客运枢纽，不同运输方式也无法互认安检结果，严重制约了“一次安检”的开展。

9. 体制机制缺乏协同

多数省份和城市尚未真正建立综合高效的交通运输管理体制，铁路、公路、民航等各运输方式分别由不同部门和单位管理运营，统筹协调难度大；综合交通运输规划、建设、运营、管理等职能分散在交通、发改、规划、城建、公安等不同部门，制约了综合客运枢纽的一体化建设和运营管理。有的省份虽然设立了综合运输处，但往往职责不够明确，缺乏可操作的工作抓手，实际工作中与民航、铁路协调难度较大。另外，跨方式沟通协调机制不健全，导致出现运输组织协调不够，信息互通不顺畅、不及时、不对称等问题，运力投放、应急集疏运等环节随机性和盲目性较大。各种运输方式的应急联运、应急保障和沟通协调机制不健全，也在一定程度上制约了旅客联运的发展。

第二节　国内旅客联程运输案例

一、空铁联运案例

1. 石家庄机场空铁联运

石家庄正定国际机场（以下简称石家庄机场）位于河北省石家庄市正定县，距市区32km，为4E级民用国际机场，是京津冀城市群的重要空中门户、北京首都机场的备降机场、中国北方重要的国际航空货运中转基地，其位置如图3-1所示。石家庄机场拥有两座航站楼，分别为T1航站楼（国际及地区）、T2航站楼（国内），共20.9万m^2，停机坪总面积21万m^2；可满足年旅客吞吐量2000万人次的需要。2016年，石家庄机场旅客吞吐量721.46万人次，同比增长20.5%；起降架次6.87万架次，同比增长21.1%。

图3-1　石家庄机场和京广高铁正定机场站位置示意图

与石家庄机场相邻的高铁正定机场站是京广高铁的一座中间车站。高铁正定机场站距北京西站244km，列车最快运行63min；距石家庄站37km，列车最快运行14min；距石家庄机场约3km。石家庄机场与高铁正定机场站共同构建了石家庄正定机场综合交通枢纽，为开展空铁联运提供了得天独厚的优势。

2012年12月26日，随着京广高铁全线贯通，高铁正定机场站投入使用，河北机场集团通过整合优化铁路、航空资源，在华北地区率先推出了“石家庄机场空铁快线”产品。截至2017年第一季度末，空铁联运旅客累计117.8万人，其中2016年空铁联运旅客量达41.2万人次，同比增长61.8%；2017年第一季度，同比增长57.5%（图3-2）。在这些旅客中，进出北京地区的旅客约占30%。目前，高铁正定机场站单日旅客量已突破2400人次，预计2020年将达到100万人次，单日最高可达3500人次以上。

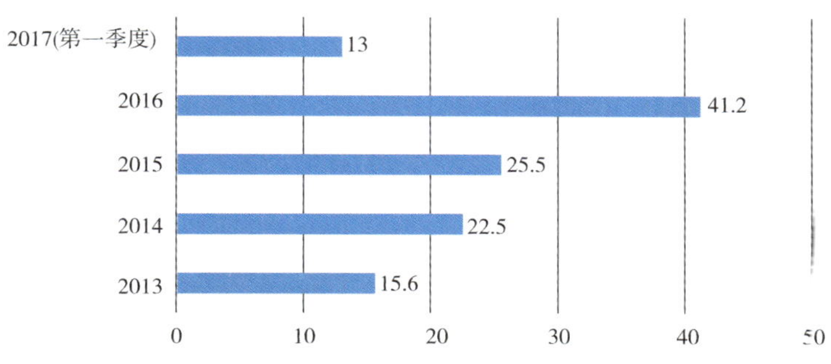

图 3-2　石家庄机场空铁联运客流量

石家庄机场与中国铁路旅行社、春秋航空公司开展三方合作，通过由铁道旅行社预留火车票的方式，于 2014 年 8 月开始在春秋航空公司官网上销售空铁联运产品。

石家庄国际机场与携程旅行网开展合作，开发空铁联运组合产品。2015 年 4 月，该产品在携程网和携程 APP 上线销售，实现了机票和火车票的同时购买，为旅客提供了便捷的一站式购票服务。

此外，石家庄机场通过与网络平台、航空公司、旅行社开展合作，积极拓展空铁联运产品的客源组织渠道，配合相关的火车票补贴政策，利用社会媒体平台加大空铁联运项目的宣传，提升空铁联运服务的影响力。下一步石家庄机场计划在高铁正定机场站设立空铁联运旅客专用休息室，并配合推出旅游、餐饮等优惠服务。

石家庄机场空铁联运还存在以下问题：

一是高铁和航班匹配度不足，影响空铁联运效果。目前，高铁正定机场站每日停靠车次只有 30 趟，数量较少，与航班衔接度低，同时，部分车次时间分布不合理，造成部分旅客的候机或者候车时间较长，影响旅客选择空铁联运方式出行。同时，受到铁路客票销售规定的影响，正定机场站停靠车次尤其是部分长途列车可销售的车票较少，这也是制约空铁联运项目发展的重要原因之一。

二是空铁联运旅客在乘车环节的服务功能有待进一步完善。目前，民航和铁路均为独立的客票销售系统，旅客购票不畅，不利于空铁联运产品的大范围推广。由于航空与铁路对行李的检查标准不统一及行李在铁路运输过程中存在安全监管问题，导致其暂时还无法实现空铁联运旅客行李直挂的服务。

2. 天津机场空铁联运

天津滨海国际机场(以下简称天津机场)位于天津市东丽区,距市中心13km,为4F级民用国际机场,截至2016年底,机场开通航线180条、通航城市132个。2016年,天津机场完成旅客吞吐量1687.19万人次,同比增长17.9%;起降架次14.38万架次,同比增长14.4%(图3-3)。

图3-3 天津机场鸟瞰图

天津机场地下交通中心(图3-4)位于机场航站楼北侧进出港广场及其东侧的空地下,包括地铁2号线(M2线)机场延长线、京津城际延伸线机场引入线、地下停车场工程、换乘通道工程、T1航站楼连接通道工程及T2航站楼连接集散大厅等工程,将市区、滨海新区以及火车站、机场等重要交通枢纽连在一起,为天津机场开展空铁联运创造了良好条件。

图3-4 天津机场地下交通中心

随着首都机场客流日趋饱和，一些热门航线票源非常紧张，这为天津机场开展空铁联运提供了条件。为满足北京旅客到天津机场乘坐航班出行的需求，助力京津冀协同发展国家战略落地，天津机场不断创新空铁联运服务产品(图3-5)：

图 3-5　天津机场空铁联运服务中心

(1)“空铁联运 1.0”——打造谱写京津“双城记”。

2014 年 5 月 8 日，天津机场北京南站城市候机楼正式运营，标志着天津机场在落实京津冀协同发展战略的“双城记”的进程中，迈出了坚实的第一步。天津机场同步推出“高铁 + 大巴”和“高铁 + 地铁 + 免费专线”两种联运服务模式，创造了往来京津两地的空铁联运新模式。

(2)“空铁联运 2.0”——打造进出北京第二空中通道。

2014 年 8 月 28 日，天津机场 T2 航站楼正式启用，天津地铁 M2 线也直达天津机场地下交通中心，与 T2 航站楼同步运营，从北京到天津坐飞机 1h 可达，免车票的“高铁 + 地铁”联运模式标志着“空铁联运 2.0”时代的到来，为打造进出北京第二空中通道奠定了坚实的基础。

(3)“空铁联运 3.0”——深化推动京津冀协同发展。

2015 年 8 月 20 日，空铁联运车票的报销范围，由北京一地扩大至唐山、沧州方向，京津冀三地旅客往来出行更加方便快捷，天津的航空市场被激发出活力。

(4)“空铁联运 4.0”——发挥京津冀都市圈核心区位优势。

经过“1.0 ~ 3.0”的产品优化与市场演变，天津机场空铁联运已经开始成为京津冀旅客主要出行方式之一，也成为各地旅客“经津进京”“经津出京”的主要选择。2016 年,天津市委、市政府对《天津市支持民航运输事业发展专项资金管理使用暂行办法》进行了修订,对空铁联运补贴政策进行调整。为保证空铁联运产品良好过渡,天津机场积极筹划“空铁联运 4.0”产品(图 3-6)。根据政策,2016 年 7 月起天津机场不再为旅客报销高铁和地铁车票,而将主要精力转移到“空铁联运 4.0”产品的升级转型,并扩大覆盖范围(扩大至:京津城际铁路天津—北京区间、津秦客运专线天津—唐山—秦皇岛区间、京哈铁路天津—锦州区间、京沪高铁天津—沧州—德州区间、津保铁路天津—白沟—保定区间和津蓟铁路天津—蓟县区间),增加贵宾服务、增设专属流程、丰富地面交通,实现政策调整期内的平稳过渡和产品的有效衔接。2015 年,天津机场空铁联运旅客 1.9 万人次,平均每月 2383 人次;2016 年 1 ~ 6 月,累计运输空铁联运旅客 2.3 万人次,平均每月 3806 人次,同比 2015 年提升 92%,空铁联运产品的旅客认知度明显提升。

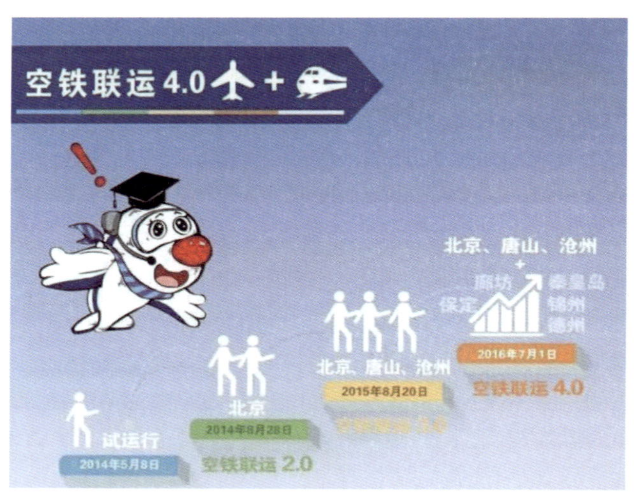

图 3-6　天津机场空铁联运 1.0 ~ 4.0

3. 天津航空空铁联运

总部位于天津市的天津航空是一家民用支线航空公司,其前身是大新华快运航空有限公司,由海南航空集团有限公司、天津保税区投资有限公司以及海南航空股份有限公司共同出资组建。

天津航空于 2009 年 6 月 8 日成立,基地设在天津滨海国际机场。2010 年 6

月1日,天津航空获批扩大经营范围,包括国内干线航空及国际航空市场。截至2014年底,天津航空共计开通150余条国际国内航线,通航城市100座,年旅客运输量1000余万人次。

为了吸引北京旅客到天津乘坐航班,天津航空公司联合天津机场推出了空地联运服务模式。天津航空公司空地旅客联运的市场主体为京冀地区经津出行或者经津进京的旅客以及天津、重庆、西安等周边地区国际长航线旅客。

该产品的发展经历两个阶段,第一阶段是京津空铁联运。在天津市政府、市交通运输委员会及天津机场的政策支持和推动下,积极推广空铁联运产品。2015年,天津机场空铁联运旅客1.9万人次,平均每月2383人次;2016年1~6月,累计运输空铁联运旅客2.3万人次,平均每月3806人次,同比2015年提升92%,空铁联运产品旅客认知度明显提升。

在机场,该产品设置了报销柜台的服务模式,旅客分别购买高铁票和机票,之后凭借登机牌及高铁票前往天津柜台报销。旅客购买天津航空实际承运航班客票即可享受天津航空在飞城市与周边城市高铁票、地铁票的全额报销。2016年7月1日,因相关补贴政策调整,该空铁联运产品随之终止。

京津空铁联运补贴政策终止后,天津航空公司继续升级"京冀出行专享"产品,即北京、河北地区旅客购买天津航空公司进出港航班可以享受50元民航发展专用基金购票直补。2016年7月至2017年3月,该产品累计受益4.7万人次,累计惠民投入235万元,并继续引导北京、河北地区的旅客通过空铁、空巴等空地联运模式来津乘坐飞机,为京津冀协同发展贡献力量。

2016年,天津航空公司在天津、重庆、西安等地区陆续推出国际长航线空地联运产品,为始发机场周边城市旅客报销高铁票或实名制客车票,报销方式是通过旅客将乘机票证及地面运输客票寄回天津航空公司营业部进行报销,但旅客的购票报销手续比较烦琐。

4. 河北航空空铁联运

河北航空有限公司成立于2010年6月29日,是经中国民航局和河北省政府批准成立的现代化航空公司。其总部设于河北石家庄,主运营基地设在石家庄正定国际机场。2016年,河北航空公司承运旅客人数达到256万人次,石家庄周边地区及北京、天津、山西阳泉、山东德州等地乘坐河北航空公司旅客达62.8万人次,河北航空公司石家庄机场出港承运空铁联运旅客36923人。上述数据说明旅客选择空铁联运方式比例偏低,因此其周边地区客源还有待挖掘。

通过河北机场管理集团市场部提供的数据可知,2016 年 1 ~ 10 月,河北航空公司空铁联运石家庄出港旅客月均人数为 3700 人次,客源地分布主要集中在北京、保定、邯郸、阳泉以及太原 5 座城市,其中北京、保定以及邯郸合计占比近八成。空铁联运旅客客流分布主要集中在华北、成渝、广深等商务客流航线。

(1)商业模式。

河北航空公司目前的空铁联运商业模式主要分为两种:自由销售和与携程合作。

自由销售是指旅客根据自身需求,自行分别购买高铁票、河北航空公司机票进行联运,此模式也是目前河北航空公司空铁联运的主要模式。

与携程合作的模式。该模式由河北航空公司向携程网提供机票政策,携程网提供高铁票及销售平台,并由携程网打包对空铁联运产品进行销售。

(2)存在主要问题及建议。

①急需实现航空票务、铁路票务系统对接,实现一站式购票。

由于目前铁路票务系统相对封闭,导致航空票务系统与铁路票务系统无法对接,这已成为航空公司发展空铁联运遇到的最大障碍。各机场、航空公司有关空铁联运模式、产品各不相同,各自为战,与铁路部门无直接沟通。

②正定机场停靠车次少,空铁联运时刻匹配度较低。

北京西站至石家庄正定机场站高铁最早到站时间为上午 7 时 52 分,因此最早衔接的航班时刻应该在 9 时 30 分左右。目前,河北航空公司 18 架运力全部投放石家庄正定机场。每日 9 时 30 分前出港和晚上 6 时以后进港的航线占比较大,而高铁正定机场站每日停靠车次 12 ~ 14 趟,进、出站时刻主要集中在上午 9 时到下午 5 时,高铁与航班时刻匹配度较低,空铁联运旅客可选择空铁联运航线较少且中转等待时间较长。

③部分地区车次少、票源制约空铁联运发展。

通过市场走访及销售合作单位反馈的结果可知,阳泉站至正定机场站间车次票源十分有限,这在一定程度上限制了阳泉地区旅客选择石家庄机场出行。

④目前,空铁联运的政府补贴政策不稳定,周边客源对空铁联运产品的认知度低。

⑤缺乏铁路部门相关旅客信息。目前,只能通过石家庄正定机场设在高铁站的服务点获取部分旅客信息,无法对通过高铁正定机场站出行的旅客进行全面的统计来指导下一步航线网络规划和有针对性地挖掘空铁联运客源。

⑥旅客对空铁中转的意识尚弱，需要各方面力量的宣传推广，目前网站、移动客户端等网购方式成为旅客购票的主要途径，尤其以携程为代表的各大OTA已经成为客票销售的主要渠道。

综上所述，目前河北航空、石家庄正定国际机场空铁联运业务尚处于起步阶段，估计周边地区客源选择空铁联运出行的比例仅为10%。

5. 春秋航空空铁联运

春秋航空股份有限公司，是中国首个民营资本独资经营的低成本航空公司，也是首家由旅行社起家的廉价航空公司。2011年净利润逾4.7亿元，成为当前国内最成功的低成本航空公司。春秋航空股份有限公司总部设在上海，在上海虹桥机场、上海浦东机场、石家庄正定机场、沈阳桃仙机场、扬州泰州国际机场均设有基地。春秋航空有限公司自2004年5月26日得到中国民航总局批准后开始筹建，由春秋旅行社创办，注册资本8000万元人民币，历时一年左右成功开航。其首发航班于2005年7月18日上午由上海虹桥机场起飞前往山东烟台。

创立之初，该公司只有3架租赁的空客A320飞机，经营国内航空客货运输业务和旅游客运包机运输业务。春秋航空平均上座率达到95.4%，成为国内民航最高客座率的航空公司。

目前，春秋航空拥有63架180座空客A320飞机，开通了往返于日本、韩国、泰国、马来西亚、柬埔寨等国家和中国香港、中国澳门地区的10余条国际及地区航线，其余航线则遍及北京、上海、广州、成都、深圳、昆明、重庆、珠海、揭阳（汕头）、厦门、三亚、沈阳、哈尔滨、长春、大连、青岛、石家庄、西安、绵阳、兰州、乌鲁木齐、呼和浩特、杭州、南京、合肥、宁波、常德、张家界、桂林、南宁、淮安、洛阳、扬州等城市，共约70余条。

为适应高铁快速发展的形势，同时加大机票营销力度，方便旅客选择春秋航空和高铁出行，2016年开始，春秋航空与上海铁路局、上铁国旅以及铁路发展集团下属各分公司合作开展了“买机票免费送高铁票”空铁联运项目，其订票界面如图3-7所示。

（1）运营模式。

春秋航空公司开展的空铁联运项目主要操作流程为：旅客操作网上一键预订，火车票价免费，可以按需更换然后到车站取票。现已开通上海虹桥往返苏州、杭州、常州、无锡、嘉兴、南京、昆山、镇江、丹阳、桐乡、义乌、台州、绍兴、宁波、合肥共计15个长三角城市的线路(图3-8)。同时,积极开展石家庄往返北京、太原、天津、张家口、郑州等5个城市的空铁联运项目。

图3-7 春秋航空官方网站空铁联运产品订票界面

图3-8 春秋航空空铁联运开通城市范围

(2)运营管理。

在运营管理方面,春秋航空公司、上海铁路局、铁旅和铁发集团以及各个站内站务均各司其职,各系统的具体主要负责方面如下:

春秋航空公司主要负责客票预订、短信确认、客服解答、站内取票(石家庄市正定站)、信息维护、月结算(先期运营均需足够数额的预付款)等工作,同时春秋航空公司采用自由系统供相关城市出票点日常出联运票使用(表3-1)。

铁路局负责相关区域内线路调整与预留车次的运营工作,以及协调各方日常工作。

铁旅和铁发主要具体负责票务生产及运送。

各站内站务主要负责指定窗口的日常取票机退改签等工作。

春秋航空公司旅客联运区域及承运方和出票方信息表　　表 3-1

区　域	承　运　方	出　票　方
上海周边	上海铁路局	昌顺会展服务
扬州周边	上海铁路局	南京铁发集团
宁波周边	上海铁路局	上海铁旅
石家庄周边	北京铁路局	中国铁路旅行社

春秋航空公司计划新增成都周边及昆明周边的空铁联运项目,分别由成都铁路局、昆明铁路局作为承运方,成都客票管理所和昆明铁旅作为出票方。2017 年,春秋航空公司实现虹桥枢纽空铁联运旅客每天发送 255 人次,到达 277 人次;北京地区预计每天发送 160 人次,到达 160 人次。

2016 年,春秋航空公司通过空铁联运项目累计让利旅客 727.98 万元,其中手续费 80.48 万元(手续费指每张火车票由出票方扣除 15 元的手续费用于工作人员通过查询春秋的系统手工录入铁路售票系统的人工费),占总费用的 11.06%;并实现销售火车票 5.9 万张。目前由春秋航空公司负责购买空铁联运中铁路段高铁票。

知识拓展:春秋航空“空铁快线”产品——旅客须知

(1)“空铁快线”产品是为了方便搭乘春秋航空航班并通过铁路往返上海周边城市和搭乘春秋航空航班并通过铁路往返石家庄周边城市的旅客所设计的。

(2)“空铁快线”产品分为两类运输段。航空运输段由春秋航空进行承运,铁路运输段为地面铁路运输,由各铁路局承运。

(3)购票限制与使用规定。

①不适用于春秋航空规定范围内的特殊旅客。

②“空铁快线”产品须按照所购行程顺序使用，否则后续运输段则无法办理登机或乘车手续。

③“空铁快线”产品中的铁路运输段为旅客购买春秋航空航班后所赠送的火车车票，赠送的火车车票不可兑换现金。

④ 如遇火车票退票或变更，请参照本须知（4）条“产品退票、变更、签转规定”。

⑤在乘坐火车当日，保留充足的时间提前至铁路始发地火车站指定取票点，凭本人购买“空铁快线”产品时填写的有效身份证件原件，领取火车票。

⑥换取火车票后，应妥善保管，如火车票丢失，参照《铁路旅客运输办理细则》办理。

⑦对于“空铁快线”产品，春秋航空仅对航空运输段承担承运人责任；铁路运输段由铁路局承担承运人责任，春秋航空仅承担赠送火车票的义务。

⑧因铁路方面原因或不可抗力原因影响行程所产生的损失属于春秋航空免责范畴之内。

⑨铁路运输阶段发生的争议、纠纷，适用铁路部门相关运输规程，由铁路部门承担相应责任，属于春秋航空免责范畴之内。

（4）产品退票、变更、签转规定。

①自愿退票。

a. 火车票。

（a）不可单独申请退票。

（b）由于火车票为赠票，机票退票时不可单独退还铁路运输段费用。

b. 机票：按所购机票显示舱位相对应的自愿退票规定执行。

②自愿变更。

a. 火车票。

（a）不可单独申请变更。

（b）国内机票衔接产品除石家庄正定、北京地区外，列车发车48h前，与国内机票同时申请操作变更。列车发车48h（含）内，须请旅客于列车发车当日自行前往铁路始发地火车站指定取票点取票后，根据《铁路旅客运输办理细则》中的规定办理改签手续。石家庄正定、北京地区列车发车72h前，与国内机票同时申请操作变更。列车发车72h(含)内，须请旅客于列车发车当日自行前往铁路始发地火车站指定取票点取票后，根据《铁路旅客运输办理细则》中的规定办理改签手续。

(c)地区、国际机票衔接产品：列车发车72h前，与地区、国际机票同时申请操作变更。列车发车72h(含)内，须请旅客于列车发车当日自行前往铁路始发地火车站指定取票点取票后，根据《铁路旅客运输办理细则》中的规定办理改签手续。

b. 机票：按所购机票显示舱位相对应的自愿变更规定执行。

③非自愿退票、变更。

a. 机票根据《春秋航空股份有限公司旅客、行李国内运输总条件》《春秋航空股份有限公司旅客、行李国际运输总条件》办理退票或变更手续。

b. 火车票须请旅客于列车发车当日自行前往铁路始发地火车站指定取票点取票后办理。

④签转。

全程不得签转。

⑤火车票为赠票，如遇航班延误等因素可能无法衔接的，旅客应第一时间告知春秋航空争取变更，如火车票无法变更及因铁路方面等原因无法衔接的，春秋航空不承担火车票退款及赔偿责任(包括但不限于交通、通信、住宿费用以及另购火车票等费用)。

⑥由于旅客自身原因造成未成功搭乘航班或铁路班次，造成的损失由旅客自行承担。机票按《春秋航空股份有限公司旅客、行李国内运输总条件》《春秋航空股份有限公司旅客、行李国际运输总条件》操作，火车票按《铁路旅客运输办理细则》操作。

⑦旅客信息有误。

如遇旅客信息自行填写有误：

a. 火车票：持有效身份证件原件于火车出发当日至铁路始发地火车站指定取票点或问询处咨询。

b. 机票：根据春秋航空《旅客证件与个人信息修改规定》操作。

(5)火车票取票信息。

火车票需自行至取票点领取,车厢及座位信息以实际火车票面显示为准,领取说明如下:

①请于火车出发当日至出发城市指定地点领取火车票。

②请旅客凭购票时的有效乘车身份证件原件取票。

③需在取票时告知取票点工作人员是春秋航空空铁联运旅客。

④当天保留充足的取票时间。

6. 上海东航"空铁通"

中国东方航空股份有限公司(以下简称"东航"),是一家总部位于上海的国有控股航空公司,在原中国东方航空集团公司的基础上,兼并中国西北航空公司,联合中国云南航空公司重组而成。是中国民航第一家在香港、纽约和上海三地上市的航空公司,是中国三大国有大型骨干航空企业之一。目前,东航运营的逾600架客货运飞机组成的现代化机队,主力机型平均机龄不到5.5年,是全球规模航企中最年轻的机队之一。作为天合联盟成员,东航年旅客运输量超过1亿人次,位列全球第七;航线网络通达全球177个国家、1062个目的地,"东方万里行"常旅客可享受天合联盟20家航空公司的会员权益及全球672间机场贵宾室。

上海铁路局,是中国铁路总公司管理的大型铁路运输企业的18个铁路局之一,管内下辖南京办事处、徐州办事处、合肥办事处、杭州办事处4个铁路办事处,管辖地区、线路主要分布在安徽省、江苏省、浙江省和上海市。上海铁路局管内工农业生产发达,内外贸易兴旺,人口稠密,旅游资源丰富,是全国客货运输最繁忙的铁路局之一。

2012年4月,上海铁路局与中国东方航空集团公司签署战略合作协议。作为战略协议的主要合作项目之一,双方共同约定推出"空铁通"联运产品,以发挥各自优势,为广大旅客提供更加便捷的旅行服务。"空铁通"产品于2012年4月28日正式上线。产品推出以来,由最初以上海虹桥枢纽为中心的长三角地区空铁通拓展至以武汉、海口等城市为中心的空铁联运,且联运模式被进一步拓展到航空与巴士的合作,形成了以浦东机场、广州、武汉、重庆、南昌、合肥、长沙等地为中心的"空巴通"产品。虚拟航站也由上线之初的5个站点拓展至现在的50余个站点,每日执行虚拟航班由50班增至近500班。

东航多式联运主要采用虚拟航班模式进行销售。所谓虚拟航班是指为方便销售及旅客服务，将铁路或公路的班次以“MU××××”的形式录入民航销售系统，东航不实际承运，对应的机型为TRN或BUS。这种模式实现了旅客机票、车票的一站式购买，使得购买更为方便；也将铁路段、巴士段放在了各海外GDS进行销售，销量范围更为广阔。图3-9、图3-10分别为东方航空官网“空铁通”联运产品的订票界面及操作示例。

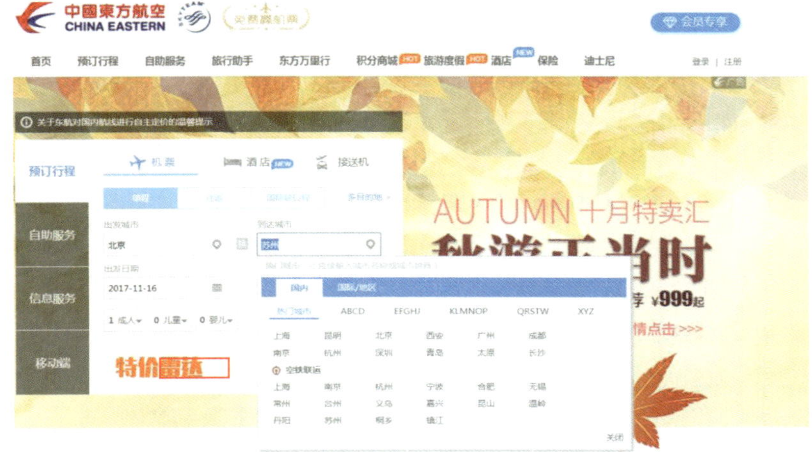

图3-9 东方航空官网空铁联运产品订票界面

图3-10 东方航空官网空铁联运产品订票操作示例

2016年1月至2017年2月，在与各铁路局开展合作的三个区域里，与上海铁路局合作“空铁通”共计销售75619万人次，占总人次的98%；与武汉铁路局合作“空铁通”共计销售1330人次，占总人次的2%；与太原铁路局的“空铁通”还处于起步阶段，销量仅为42人次。与海口美兰机场合作的海口“空铁通”共计销售185人次。

目前，东航“空铁通”现行模式所面临的障碍主要有：

(1)现行的座位预留模式，当预留座位销售完毕后，须人工申请座位，无法直接采集铁路、巴士座位库存信息。

(2)铁路、巴士调图后对应车次的变更或取消，须人工核对调整虚拟航班。

(3)须提前两日关闭销售。

(4)旅客须在指定窗口凭证件换领纸质客票。

(5)海外GDS无法强制输入旅客证件信息。

(6)非自愿退、改时流程非常复杂。

(7)无法进行联程行李运输。

7. 南航“空铁通”

中国南方航空股份有限公司(以下简称“南航”)总部设在广州，是中国运输飞机最多、航线网络最发达、年客运量最大的航空公司。南航年客运量居亚洲第一、世界第三，机队规模居亚洲第一，世界第四，是全球第一家同时运营空客A380和波音787的航空公司，与中国国际航空股份有限公司和中国东方航空股份有限公司合称中国三大民航集团。2016年，南航营业收入1147.9亿元，客运量1.146亿人次，同比增长4.75%，居亚洲第一、世界第三，截至2016年底集团拥有飞机700架。

为更好地服务旅客通过铁路中转，充分发挥民航在中长途旅客运输及高铁在中短途旅客运输中的“双高”速度优势，为广大旅客提供“无缝换乘服务”，南方航空推出了“空铁通”产品。

(1)服务范围和规模。

“空铁通”产品覆盖广州白云机场、武汉天河机场、长沙黄花机场、南宁吴圩机场、德国法兰克福机场和通过高铁衔接的几十座国内城市以及德国境内所有火车站，每年的国内旅客量为6万人次。

(2)服务流程。

旅客通过相关客票代理商订购空铁联运客票之后，可以在航空段开始前或结束后，以一定的优惠价格乘坐高铁或动车往返相关国内指定城市以及德国境内任一火车站点。纸质车票将以快递形式送达旅客，电子车票则由旅客自行使用证件乘车。

旅客购买产品后，由南航官方指定的区域代理商负责相关的售后服务跟进，旅客购买“空铁通”产品时，航空保险便已从航空段延伸至铁路段，旅客在地面运输过程中发生的人身意外按航空标准保障。

(3)运营管理。

南航推出“空铁通”产品服务时并没有与所在地铁路局直接合作，而是与当地同时具备铁路、航空销售资质的客票代理商合作。这些代理商通过空地联运管理平台获取旅客信息，并根据旅客的需求出具与南航航班最优衔接的高铁段车票。

(4)存在的问题。

南航“空铁通”存在的主要问题是还未与铁路局直接合作，在车票保障与规范统一方面有所欠缺。双方合作的主要瓶颈在于系统对接方面。目前，铁路系统较少与外部系统对接及产生数据交互，系统更新、改造工程浩大，短期内较难完成，而空铁联运产品的日常运作如无法通过系统对接完成，单纯依靠手工方式不仅大量消耗人力成本，而且容易造成差错，对合作规模化形成制约。同时，旅客在出行中如果遇到某一段行程延误而影响到后一段行程，南航方面目前暂时无法提供相应的保障和赔偿。

知识拓展：南航武汉机场空铁中转服务须知

1. 适用航班及条件

(1)适用于南航武汉实际承运的国际或地区进出港航班。

(2)代码共享及免票不适用本政策。

(3)截至2016年5月，开通武汉空铁联运的城市已达18个，名单如下：

湖北省内8个城市		湖北省外10个城市	
城市名称	三字代码	城市名称	三字代码
黄石	HSD	郑州	TTZ
咸宁	IUO	合肥	KFI
荆州	EJJ	南京	NKJ
恩施	EWV	南昌	NHG

续上表

湖北省内8个城市		湖北省外10个城市	
城市名称	三字代码	城市名称	三字代码
十堰	EJQ	长沙	DDV
襄阳	KLJ	岳阳	YUG
宜昌	WZE	衡阳	HBP
天门	TMV	郴州	LQP
		株洲	DHU
		信阳	XYW

十堰和恩施旅客如经武汉空空中转可正常衔接，需优先选择空空中转。

2. 服务内容及标准

(1)旅客从指定城市出发(或前往指定城市)，如搭乘南航武汉进出港的国际或地区航线，将免费获赠指定城市与武汉之间的高铁/动车二等座车票。

(2)对于当天无法转机的旅客，南航提供隔夜中转免费住宿服务。

(3)南航提供火车站与机场之间的免费摆渡服务。

(4)相关服务需提前申请，请致电南航武汉机场中转柜台027-65687495。

(5)空铁产品咨询电话027-85301427。

3. 注意事项

(1)该产品目前只能通过线下南航直属售票处或南航授权国际代理人购买。

(2)购票时票号需要包含火车虚拟航段信息，才能享受相关服务。

(3)票号中火车段站点信息需与实际出火车票站点一致。

(4)未尽事宜，以南航湖北分公司解释为准。

二、城市候机楼案例

1. 石家庄正定国际机场城市候机楼

石家庄正定国际机场在北京、保定、邢台以及德州等地区共计设立了13座异地城市候机楼，开通了省内的保定、邢台、衡水、邯郸等14个地级城市和县级地区以及山西阳泉和山东德州地区的16条旅客直通班车线，地面交通网络基本覆盖冀中南地区7000万人口。2010—2016年,直通车累计运输旅客100万人次,其中2016年运输旅客23.8万人次,同比增长28.6%。

高铁正定机场站专设了$1500m^2$空铁联运换乘服务区作为石家庄正定国际机场高铁候机楼,可为旅客提供购买机票、机场值机、航班动态查询等服务(图3-11)。旅客办理完相关手续后,可以通过机场免费摆渡车由冀运集团运营到达候机楼,接驳时间不到5min。正定机场站每天停靠车次30趟,高峰期间每天34趟。石家庄机场空铁联运辐射至京广、津保高铁上的天津、保定、高碑店、邯郸、邢台、太原、郑州等20余个城市,旅客流向覆盖石家庄机场通航的51个城市,主要为重庆、成都、广州、上海、西安、昆明、厦门、杭州、深圳、大连等公务、商务和旅游热门城市。

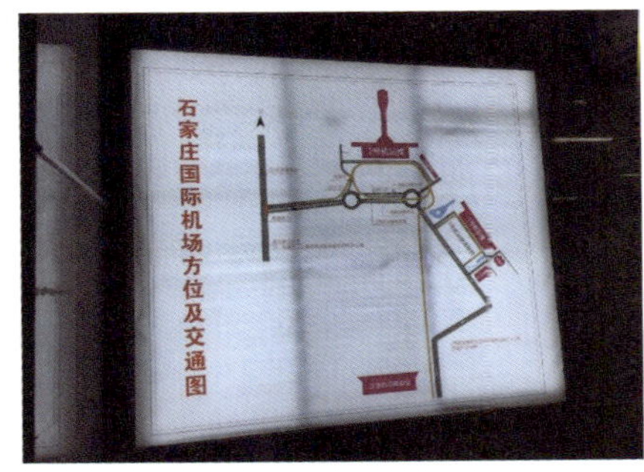

图3-11 石家庄正定国际机场城市候机楼及其位置

石家庄正定国际机场高铁站候机楼由石家庄正定国际机场地面服务部负责运营管理。候机楼内专设了空铁联运换乘服务区,为旅客提供购票、值机、候机、候车、隔夜换乘住宿等全方位服务。同时与第三方合作,在北京西站设立城市候机楼,为旅客提供空铁联运产品咨询、预定及相关服务。

异地城市候机楼运营和管理模式目前有两种,保定、邢台、衡水、沧州、邯郸、定州6个省内重点地区城市候机楼由河北机场集团建设并安排专人负责日常运营和管理。其他地区城市候机楼则与当地宾馆、旅行社等单位合作方式,由合作方提供场地、人员、基地设施的保障,负责候机楼的日常运营和管理;由运输企业支付合作方车票销售佣金,石家庄正定国际机场负责监督候机楼的运营和服务。

2. 天津机场城市候机楼

天津机场创新落实京津冀民航协同发展理念,打破行政区划,拓展市场覆盖至北京、天津、河北、辽宁和山东五个省和直辖市。2012—2015年,天津机场

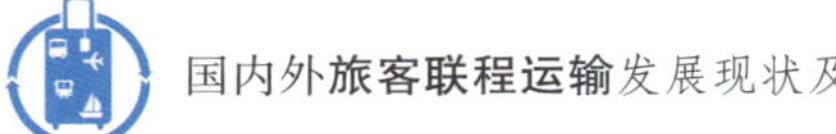

率先布局网点，完善城市候机楼网络布局。目前，天津机场已建成运营城市候机楼共计20座，分别为天津市内的滨海高新区、天津站、长途客运西站、滨海新区、宝坻、于家堡、静海城市候机楼，北京市区的北京南站、八王坟客运站城市候机楼，河北省内的黄骅、沧州、保定、白沟、廊坊、胜芳、唐山、秦皇岛、唐山高铁站空铁联运服务中心，以及山东省德州与辽宁省锦州城市候机楼。图3-12为天津机场北京南站城市候机楼内部图。

图3-12　天津机场北京南站城市候机楼

2016年以来，天津机场不断创新服务功能，提升城市候机楼服务功能。在开展航空旅客出行咨询、航班查询、办理值机、航空机票与保险预订、旅游产品销售、机场贵宾服务产品销售等服务的基础上，尝试开展行李服务和预约服务的创新型服务。目前，正考虑增加延伸服务，增设异地货站和卫星城市候机楼。具体城市候机楼创新服务内容如下：

（1）行李服务。

2016年，天津机场创新推出“行李捷运”“行李管家”两项行李联运服务。“行李捷运”主要依托与城市候机楼之间的地面班线，为城市候机楼旅客提供点对点的行李服务。“行李管家”依托第三方物流（空手到行李管家），来实现旅客行李的门到门管家式服务。通过这两种方式，降低旅客出行成本，提高出行效率。以“行李管家”为例，其服务流程见图3-13。

（2）预约服务。

为完善异地旅客出行体验，城市候机楼可为旅客提供酒店、餐饮、娱乐、旅游产品等预约咨询服务，为旅客提供吃、住、行、娱、购、游的全方位服务。城市候机楼预计在2020—2021年进行再优化。实现城市候机楼精准营销：未来，将根据各城市候机楼运营情况以及各项服务功能的实际使用情况开展持续优化，针对不同定位开展精细化管理，以实现精准营销。

在线下单	专员取件	行李运送	行李提取
微信关注“空手到行李管家”，预约取件，并完成线上支付	取件专员根据用户提交的个人信息和地址，上门取件（注：行李也可以寄存至酒店前台或礼宾部、机场或火车站的寄存点，并告知工作人员将行李转交至空手到行李管家取件专员手中）	取件专员提取行李后，为每件行李绑定具有唯一编号的行李捆线，便于寄存与识别、送到寄送地址（注：当寄送地址为机场或火车站官方寄存点时，由取件专员将行李进行统一的安检及存放）	收件人以身份证或护照等有效证件，在订单寄送地址对行李进行提取

图 3-13　行李管家服务流程

3. 杭州萧山国际机场城市候机楼

(1)由机场主导的候机楼模式。

杭州萧山国际机场(以下简称“杭州机场”)位于浙江省杭州市萧山区，距市中心 27km，为 4F 级民用国际机场，是中国十二大干线机场之一、国际定期航班机场、对外开放的一类航空口岸和国际航班备降机场。杭州机场拥有三座航站楼，共 37 万 m^2；共有两条跑道，可满足 A380 及以下机型的备降要求以及年旅客吞吐量 3300 万人次、航班起降量 26 万架次的保障需求。截至 2015 年底，机场共有机位 127 个，开通航线 235 条，其中国内航线 196 条。2016 年，机场旅客吞吐量达 3159.5 万人次，位居全球第 59 位。

杭州机场在杭州开设的三座城市候机楼，由机场主导城市候机楼到机场的专线运输，目前在杭州各地运行状态良好。

①杭州东站候机楼。

杭州东站是沪昆高铁的中间站，宁杭高铁、商合杭高铁、杭甬高铁、杭黄客运专线的始发枢纽站、沪昆铁路的中间站。杭州东站是沪昆、宣杭、萧甬干线铁路和沪杭、宁杭、杭甬、杭长客运专线的交汇点，占地面积达 113 万 m^2。杭州火车东站铁路车场规模达 34 线。杭州东站是杭州目前接驳功能最为齐全的交通枢纽，全国大型铁路枢纽站之一，同时还是亚洲最大的交通枢纽之一。乘坐杭州地铁 1 号线、4 号线到达火车东站，即可实现高铁、普铁、专线、城市轨道交通、汽电车、长途巴士、出租汽车、机场巴士等多种交通方式的无缝换乘。

杭州机场火车东站候机楼以杭州机场作为建设及运营主体。火车东站候机楼于2014年7月正式投入运营,位于杭州火车东站枢纽东广场地面层大巴区停车场一侧(图3-14),占地面积425m²,距离杭州机场35~40min车程,日均发送旅客约2500人次(往返约5000人次),旅客乘机手续办理量约500人次,行李运量80~100件。

图3-14　杭州机场火车东站航站楼

②海创园候机楼。

海创园候机楼机场作为运营主体,合作方负责营运场地及基建装修(海创园管委会),安检、运输等工作则由机场负责。海创园城市候机楼位于杭州市余杭区文一西路998号的未来科技城(海创园)园区内19号楼,占地面积600m²,于2015年10月正式启用,是杭州机场开设的第二座城市候机楼,日均发送100人次(往返200人次)。

③横店异地候机楼(杭州市区外)。

横店异地候机楼的运营场地、基建装修、设施设备(弱电设备除外)日常运营、人员配备等由各市县相关单位(合作方)负责,由合作方负责候机楼的日常运营,机场安排人员对航站楼航空运行保障业务进行指导和监督。

横店异地候机楼是杭州机场设立的第三座城市候机楼,也是杭州市区外的第一座城市候机楼,于2017年2月正式投入使用。为满足旅客需求,除开通机场专线外,还开通2趟机场旅游直通车,由机场通往横店影视城。

(2)由运输企业主导的候机楼模式。

杭州机场的候机楼模式是:由企业主导在杭州市设立三处候机楼,其他如南京、常州、无锡等机场并无设立异地城市候机楼意向的企业,则由运输企业自主在客运站等处设立城市候机楼来主动对接机场。例如,南京禄口国际机场在市内外共设立异地城市候机楼22座，上海（浦东/虹桥）机场则分别在无锡、苏州等地设立异地城市候机楼。同时，各市汽车客运企业对接机场及城市候机楼发往周边主要城市的机场定制专线，例如，镇江与禄口机场以及无锡硕放机场与周边城市之间，开通了公空一体化出行服务、“空巴通”特色联运服务、候机楼公空联运服务、机场往返车站定制快车服务。2016年春节黄金周期间，依托杭州上述城市候机楼的空巴联运服务模式累计运送旅客1.8万人次；截至2016年10月，“空巴通”联运服务共运输旅客150万人次。

4. 广州机场城市候机楼

广州白云国际机场位于广东省广州市北部约28km，地处广州市白云区人和镇和花都区新华街道、花东镇交界处，机场飞行区等级为4F级，是中国三大门户复合枢纽机场之一，世界前百位主要机场。截至2017年8月，机场有3条跑道和1座航站楼，远期规划为5条跑道和3座航站楼，有138个客机位、45个货机位；一号航站楼总面积52.3万m^2；二号航站楼共63万m^2，计划于2018年初投入使用；覆盖全球200多个通航点，其中国际及地区航点超过80个，通达全球40多个国家和地区。

2016年，广州白云国际机场旅客吞吐量为5978万人次，同比去年增长8.2%，在世界机场排名第16位，在国内机场排名第3位；货邮吞吐量165万t，同比去年增长7.4%；起降架次（架次）43.52万次，同比去年增长6.2%。图3-15为广州白云国际机场珠海候机楼和肇庆候机楼。

图3-15 广州白云国际机场珠海候机楼和肇庆候机楼

（1）服务范围和规模。

广州白云国际机场自2009年开始在省内地市设立城市候机楼，目前拥有18座城市候机楼（表3-2），年旅客量400余万人次。

广州白云机场 18 个城市候机楼　　表 3-2

序　号	名　称	序　号	名　称
1	东莞城市候机楼	10	佛山城市候机楼
2	惠州城市候机楼	11	河源城市候机楼
3	珠海城市候机楼	12	顺德城市候机楼
4	云浮城市候机楼	13	南海城市候机楼
5	梧州城市候机楼	14	深圳城市候机楼
6	肇庆城市候机楼	15	顺德龙山城市候机楼
7	从化城市候机楼	16	国金中心城市候机楼
8	江门城市候机楼	17	清远城市候机楼
9	轻纺交易园城市候机楼	18	高明乐平候机楼

(2)服务流程。

一方面,广东省内从广州机场乘飞机外出的旅客到所在城市候机楼可以完成查询航班、购买机票、办理值机、打印登机牌等操作,购买机场大巴车票后直达广州机场出发层,在机场办理行李托运和经过安检后离港;另一方面,在广州机场进港的旅客可以乘坐相应线路的机场大巴到达目的地城市的候机楼,再继续前往具体行程终点。此外,目前东莞城市候机楼已开通行李直挂服务,旅客在东莞候机楼不但可以办理值机,还可以进行行李托运,乘坐机场大巴到达广州机场后不需要再提取行李,而是到目的地机场提取行李。

(3)运营管理。

通过白云机场的特许授权,签署相关合作协议,各个城市候机楼运营商按照自行组织、自行经营、自负盈亏的模式进行运营管理,运营商主体包括旅行社、机票代售公司、地面输运企业等,经营业务包括机票销售、机场大巴车票销售、旅客登机牌打印、行李托运、旅行社咨询、酒店预订、商业延伸服务等。

(4)存在的问题。

目前,城市候机楼运营主体的主营业务航空客票代理服务利润微薄,而候机楼场地人工成本大幅增加,多数城市候机楼成本营收基本持平或处于微亏状态;城市候机楼的国际航班值机尚不完善,行李托运尤其是直挂托运尚未实现,无法满足旅客需求;珠三角地区未来将要开通的城市轨道交通也会给城市候机楼业务带来冲击,城市候机楼的发展需要提前谋划布局,寻找更好的路径和思路;机场大巴跨省市线路审批存在障碍。

(5)主要建议。

根据旅客需求和自身要求,不断完善候机楼功能,增加国际航班值机、行李直挂托运等功能,将城市候机楼功能与广州白云国际机场枢纽建设相结合,进一步整合候机楼的资源。希望政府能够予以政策支持和信息系统使用、设备购置等资金费用的补贴,创新和改革跨省市机场大巴线路审批制度,在经营权、经营车辆、经营时间上给予一定程度的特许,同时兼顾普通客运班线的利益。

5. 深圳机场城市候机楼

深圳宝安国际机场(以下简称深圳机场),位于深圳市宝安区,距离深圳市区 32km,为 4F 级民用运输机场,是世界百强机场之一、国际枢纽机场、中国十二大干线机场之一。深圳机场共有 2 条跑道,航线总数 188 条,其中国内航线 154 条、港澳台地区航线 4 条、国际航线 30 条;通航城市 139 座,其中国内城市 108 座、港澳台 4 座、国际城市 27 个。2016 年,机场实现旅客吞吐量 4197.14 万人次,起降 31.86 万架次。图 3-16 为深圳机场候机楼实景。

图 3-16　深圳机场候机楼实景

(1)服务范围和规模。

2007 年深圳机场于在惠州市设立第一家深圳机场城市候机楼，经过十余年的发展，目前深圳机场已在珠三角地区 9 座城市设立了 28 座城市候机楼，开通城际快线 23 条，旅客在 1 ~ 2h 可由深圳到达珠三角地区 9 个城市(表 3-3)。根据深圳机场最新统计，自 2007 年 4 月以来，城市候机楼运送的旅客量累计已达 2576.86 万人次。

深圳机场城市候机楼一览表　　表 3-3

序号	城市	数量	项目名称	候机楼营运地点	机场大巴全程用时(min)
1	深圳	6	深圳龙岗	深圳市龙岗区吉祥中路吉祥来花园附楼一楼	50
2			深圳湾口岸	深圳湾口岸联检大楼入境厅近中国银行	30
3			罗湖口岸侨社	深圳市罗湖区和平路 1043 号华侨大厦首层	50
4			深圳华联大厦	深圳福田区华联大厦 330 机场巴士场站	40
5			罗湖水贝	深圳市罗湖区翠竹路 1163 号华盐大厦一楼	50
6			龙岗坂田天安云谷	深圳市龙岗区坂田街道雪岗路 2018 号天安云谷产业园一期 3 栋 C 座一楼	45
7	东莞	7	东莞万江	东莞市万江区华南摩 BC 三区城市候机楼	70
8			东莞大朗	东莞市大朗镇银朗南路橙工科技园一楼	50
9			东莞东城	东莞市东城区榴花公园正门 1 号	100
10			东莞 CBD 国际航空港	东莞市南城区东莞大道与宏二路交汇处	60
11			东莞虎门	东莞市虎门镇广深高速出入口旁(虎威加油站对面)	50
12			东莞厚街	东莞市厚街镇汀山社区厚街新车站内	60
13			东莞松山湖	东莞市松山湖礼宾路 4 号松科苑 4 号楼一楼	70
14	惠州	3	惠东	惠东县城南汽车站首层	100
15			惠阳	惠阳区金惠大道 1 号	70
16			惠州	惠城区鹅岭南路 48 号	90
17	河源	1	河源	河源市保源沿江路假日酒店左侧	160
18	香港	6	香港九龙机铁站	九龙地铁 C 出口圆方商场一楼过境巴士站	90
19			香港东九龙油塘	香港东九龙油塘大本型商场 MTR 层	120
20			香港国际机场	香港国际机场一号客运大楼到达厅 A17 – 18 号柜台	100
21			香港上环港澳码头	香港上环信德中心地下 G05 号	100

续上表

序号	城市	数量	项目名称	候机楼营运地点	机场大巴全程用时(min)
22	香港	6	香港观塘	香港观塘418号创纪之城5期APM商场	120
23			香港屯门	香港新界屯门乡事会路83号V-City地下G9铺	120
24	澳门	1	澳门外港码头	澳门外港码头售票大厅首层	70
25	佛山	1	佛山顺德	佛山市顺德区大良南国中路大良客运总站首层	100
26	珠海	1	珠海九洲港	珠海市情侣南路599号九洲港客运站一楼出发大厅	150
27	中山	2	中山	中山市东区东裕路97号首层3卡之一(盛景酒店侧)	120
28			中山港码头	中山市火炬开发区中港客运码头国内候船大厅内	50

(2)服务流程。

深圳机场候机楼的服务流程与广州机场城市候机楼基本相同。

(3)运营管理。

目前,城市候机楼项目采用市场化运作模式,即深圳机场面向社会选取具备相关行业背景、符合一定资格的企业和社会团体共同运营城市候机楼。合作期内,深圳机场仅提供授权合法标识系统用于城市候机楼,负责开展必要的航空业务培训及提供城市候机楼航显、值机等业务所需的技术支持,同时按合同约定向运营单位支付值机代理服务费,而由运营单位负责城市候机楼的日常经营管理,包括市场营销、开展与航空配套服务的商旅业务、招商招租、开展广告和其他服务,这些运营自主经营、自负盈亏。

(4)存在问题。

城市候机楼核心业务为代售航空机票、代办值机服务和代售机场快线车票服务等,其中代售航空机票和代办值机服务约占城市候机楼主营业务收入的40%,且代办值机服务已成为城市候机楼机票销售不可或缺的捆绑服务。目前,城市候机楼的运营成本较高,随着航空公司逐步降低客票销售代理手续费,城市候机楼主营业务收入大幅度减少,城市候机楼运营单位将面临进退两难的困境,最终造成一部分运营单位选择停止运营城市候机楼,另一部分运营单位则艰难维持运营,且航空服务品质将逐步下降。

(5)主要建议。

建议设立城市候机楼旅客(到达机场中转的乘机旅客)专属安检通道,为到达机场中转的乘机旅客提供快捷安检服务，以完善城市候机楼服务链条，并全面推进城市候机楼行李直挂业务，为城市候机楼业务发展注入新的活力。

三、空巴联运案例

1. 石家庄机场空巴联运

石家庄机场与冀运集团股份有限公司签署战略合作协议，开展机场空巴通项目。由冀运集团开通运行省内地区“空巴通”线路，运输企业提供车辆保障、办理相关手续、组织销售、负责安全运营。机场对新开旅客直通车班线给予一定的市场补贴，并协助组织旅客直通车的市场宣传推广，监督空巴通的运行和服务质量。

2. 天津机场空巴联运

为加强天津机场综合交通枢纽功能，提升地面辐射能力，天津机场开通天津站、长途客运西站的市内班线和往返北京八王坟长途客运站的省际地面直通班线。2016 年，机场巴士运送旅客超过 16.7 万人次。

与此同时，天津机场不断升级空巴联运产品服务内容，推出针对机场巴士旅客专项优惠服务，凡搭乘机场巴士或长途巴士由天津机场进出港的旅客，凭身份证、登机牌、巴士车票等有效证件，即可享受专属服务，同时，再次乘坐班车还可享受乘车优惠。但与此同时，该项目还存在如下问题：

（1）路网有待进一步完善。

目前只有一条机场高速公路，难以为石家庄机场枢纽建设提供足够支撑。特别是遇到雾霾、雨雪等特殊天气，高速公路关闭、107 国道通行困难，集疏运瓶颈更加突出，造成周边旅客进出机场困难。机场周围的京港澳高速于 2014 年底通车，但是京港澳高速至石家庄机场的连接线尚未建设。

（2）市内集疏运体系有待进一步完善。

目前尚未开通市区至机场的公交线路、周边城市至机场的长途客运线路，石家庄机场至周边区域均未形成综合交通枢纽层面的旅客综合换乘中心。机场无大容量、高效便捷的城市轨道交通接驳。将石家庄市区城市轨道交通1 号线向北延至石家庄机场，可实现与正定新区同步贯通，实现城际轨道交通和城市轻轨系统与石家庄机场的无缝衔接。

3. “巴士管家”定制服务

“巴士管家”是车巴达（苏州）网络科技有限公司开发的汽车票和用车服务

在线预订软件，是中国道路运输协会官方互联网售票合作伙伴。车巴达的股东为江苏大运交通运输集团股份有限公司（以下简称“江苏大运”），是由苏州汽车客运集团有限公司、无锡客运有限公司、常州公路运输集团有限公司、南通汽运实业集团有限公司四地道路客运骨干企业合资设立的道路旅客运输大型企业。2015 年 5 月，江苏大运成立了车巴达（苏州）网络科技有限公司，搭建“巴士管家”平台。“巴士管家”APP 自 2015 年 7 月 18 日上线以来，已拥有 1000 万用户，微信关注用户 150 万，获 2015 年度“江苏十佳 APP”称号。“巴士管家”推出了定制快车、城际拼车、机场接送、定制包车、定制巴士、校园专线等定制化产品，投入各类定制客运车辆近 500 辆，开行了 196 条定制客运线路。其中“巴士管家”推出涉及机场、高铁站等旅客联程运输线路达 88 条，2016 年实现服务达 5 万人次。

4. 镇江“空巴通”项目

为适应移动互联网时代的“指尖消费”，借助新兴技术平台，优化资源配置，推进公空旅客联程运输发展，2015 年，镇江市正式启动了“空巴通”旅客联程运输项目。该项目由镇江民通旅游客运有限公司的全资子公司——江苏大门吖科技有限公司开发，项目平台以服务旅客出行的需求为宗旨，以移动互联、云计算、大数据等技术为载体，联合南京禄口国际机场的江苏省及安徽省等跨区域城市候机楼，通过网络平台服务将出行需求相互嵌入，充分发挥航空运输与公路运输在线上线下优势，创新公空联程运输一体化发展模式。“空巴通”已建成江苏南京、扬州和安徽滁州、马鞍山等 22 个城市候机楼，截至 2016 年 10 月，共运送旅客 150 万人次，各城市候机楼旅客数量同比 2015 年提升 10%。

项目的具体推进由南京禄口国际机场与江苏大门吖科技有限公司合作实施，其中南京禄口国际机场提供项目发展所需的相关配套资源和公司运营必要的支持。为保障“空巴通”项目的推广运用及集约化运营，南京禄口国际机场在完善配套政策及城市候机楼统一使用“空巴通”平台的基础上，通过制度化的安排，建立和完善平台信息服务与结算体系。江苏大门吖科技有限公司则承担“空巴通”系统平台的推广运用、系统维护和功能扩展等技术业务。

5. 深圳机场空巴联运

深圳机场汽车站位于深圳机场 T3 航站楼地面交通中心（GTC）一楼，是国家一级汽车客运站，主要发挥空巴联运的旅客集疏作用。为配合深圳机场异地城市候机楼建设计划以及“经深飞”战略，深圳机场汽车站引导运输经营单位开通高品质的珠三角城际点对点高速直达客车，以方便周边城市旅客使用深圳机场的航空服务。随着深圳机场的航空旅客不断地增长，目前已开通了包括香港、澳门、东莞、石龙、清溪、大朗、樟木头、惠州、惠东、惠阳、河源、广州、中山、顺德、珠海、江门共16条线直达长途班线，进站班车辆196台，日均发班220班次，日发送旅客约1700人次。

6. 南方航空“空巴通”

南航在珠三角地区、东北地区、贵州地区等20个城市，分别以当地枢纽机场为中心，依靠机场城市候机楼，利用机场大巴运送周边非通航点旅客，每年的旅客量为4万人次。

旅客在订购航班时，首先输入出发和目的城市，如果没有直达航班，系统将自动提示空地联运产品方案，即从出发城市候机楼乘坐空港快线前往出发机场，再衔接南航航班抵达目的地城市。旅客乘坐空港快线时，在候车区向工作人员出示有效证件，工作人员根据证件信息从南航空地联运管理平台中提取旅客购买产品的记录，核对信息后旅客可乘坐相应车次。旅客可按上述组合方案进行打包订座和购买，车票价格及其相关信息将整合在机票中。

旅客购买产品后，由南航官方指定的区域代理商负责相关的售后服务跟进，与“空铁通”相同，旅客购买“空铁通”产品时后航空保险已从航空段延伸至地面巴士段，旅客在地面运输过程中发生的人身意外按航空标准保障。在运营管理方面，当地机场大巴运输企业合作，这些代理商通过空地联运管理平台获取旅客信息，并根据旅客的需求出具与南航航班最优衔接的高铁段车票。

与南航“空铁通”产品类似，旅客在出行中如果遇到某一段行程延误而影响到后一段行程时，南航方面目前暂时无法提供保障和赔偿。

知识拓展：南航空地联运产品使用须知

1. 珠三角跨城接送机

（1）产品内容：一票联程空地联运产品，包含广州始发/到达国际航班行程，以及珠三角地区与白云机场之间的门对门接送服务。

（2）服务范围：覆盖深圳、珠海、佛山、东莞、江门、中山，包含市辖区和所辖的市、县。

(3)服务车型。

豪华轿车:奔驰 C/S/E 系、宝马 5 系、奥迪 A6L、雷克萨斯任一款或以上级别。

舒适轿车:雅阁、帕萨特、迈腾、天籁、君越、凯美瑞等任一款或以上级别。

(4)服务标准:一票一车,不与其他旅客拼车,可携带随行人员,以车型可载人数为限,多人同行的情况下只安排一个上下车点。

(5)接送安排:发车地点和时刻将由地面运输服务商与旅客联系,请务必保证所留的电话号码能联系到旅客本人,否则视同放弃接送机服务。

(6)业务咨询:地面运输服务由广州龙腾出行公司提供。

(7)预定方式:在航班查询页面直接输入始发城市(如东莞)和目的地城市(如洛杉矶),即可选择地面行程和航空行程。

(8)适用旅客:除免票、里程兑换客票、无人陪伴儿童、无陪老人客票以外的散客。

(9)适用航班:仅限南航实际承运的国际航班,不包含代码共享航班。

(10)销售时限:请确保在航班起飞前不少于 12h 进行预订,否则接送机服务不保证提供。

(11)使用流程。

①买产品后,服务商将根据预留的手机号实时发送接送机服务成功预订短信,旅客可根据短信提示填写乘车时间、地点。

②航班出发前 48h,旅客如未填写乘车时间、地点,服务商将再次向旅客发送提示短信,对起飞前 48h 以内购票的旅客将实时发送提示短信。

③旅客未在规定时限内回复或回复有误,服务商客服人员将致电旅客确认乘车时间、地点。

④票面信息不变更的情况下,旅客如需变更乘车时间、地点,可在航班起飞 10h 之前联系服务商;票面信息如发生变更,服务商将重新联系旅客确定乘车时间、地点。

⑤服务商安排车辆及驾驶员后向旅客发送派车短信,包括驾驶员联系电话、车牌号码等。

⑥旅客乘车后,车辆将直达目的地,中途不停靠;旅客如需中止行程,可与地面服务商协商并选择中途安全点下车,本趟次接送服务视为已完成。

(12)退改签规定：按南航现行客规执行；航空段如签转，地面段运输服务将不再提供。

(13)免责条款：地面运输过程中有关法律责任由实际承运方承担，旅客所有被盗抢、意外伤害、行李丢失等责任均与南航无关。

(14)其他：地面运输段不能累积常旅客里程，也不能用里程兑换地面运输段。

2. 珠三角空巴联运

(1)产品内容：一票联程空地联运产品，包含广州始发/到达国际航班行程，以及珠三角地区各地城市候机楼与广州白云机场之间的空港快线大巴运输服务。

(2)服务范围：深圳、珠海、东莞、佛山、中山、江门、台山等地城市候机楼往返白云机场。

(3)预订方式：在航班查询页面直接填入始发城市(如东莞)和目的地城市(如洛杉矶)，即可选择地面行程和航空行程。

(4)乘车须知：旅客须凭有效证件在各地乘车点柜台办理乘车手续；空港快线座位不设预留，旅客需在乘车点确认车次及时刻；地面运输段与航空段必须按订票顺序使用，跳程使用无效。

(5)适用旅客：除免票、里程兑换客票以外的散客。

(6)适用航班：仅限南航实际承运的国际航班，不包含代码共享航班。

(7)退改签规定：按南航现行客规执行；航空段如签转，地面段运输服务将不再提供。

(8)免责条款：地面运输过程中有关法律责任由实际承运方承担，旅客所有被盗抢、意外伤害、行李丢失等责任均与南航无关。由于旅客自身预留时间不足、实际承运方问题或其他不可抗力原因导致旅客不能正常乘坐后续的南航航班，属于南航免责范围。

(9)其他：地面运输段不能累积常旅客里程，也不能用里程兑换地面运输段。

(10)乘车信息：地面运输服务由空港快线公司提供，附表所列发车时刻、行车时间、乘车地址仅供参考，以空港快线公司公布为准。

四、空海联运

1. 天津机场空海联运

2015 年初，天津机场与天津港集团建立战略合作机制，联合营销、共推产品，与国内大型旅行社展开合作，尝试开发空海联运新型旅游业产品，并跟进完善路面服务、交通保障等事宜，为腹地旅客打造“客源地—机场—邮轮母港”的绿色通道，使旅客能够享受省心、省时、省事、省力的服务。

2015 年 6 月 14 日，空海联运首批 1200 名来自北京、天津、河北、内蒙古与山西地区的旅客乘坐“海洋航行者”号出发。

2016 年，天津机场地面向西北、东北、山西、内蒙古市场持续打造“飞机 + 邮轮”的空海联运产品，共使 32700 名外地旅客享受到空海联运旅游产品，乘坐飞机来津搭乘邮轮的旅客比例逐步提高。

2. 香港机场海天联运

为服务珠三角和澳门旅客到香港国际机场乘坐民航航班出行，香港机场联合海天码头，以及珠三角深圳蛇口、深圳福永、东莞虎门、广州南沙、中山、珠海、澳门氹仔码头、澳门外港码头，推出海天联运服务。

香港国际机场于 2003 年 9 月 28 日在蛇口客运码头首次设置了值机柜台，2016 年 11 月 31 日，新的空海联运服务随着蛇口邮轮中心开港而正式推出，每年从蛇口港乘船至香港机场的客流量为 100 万人次，约占整个珠江水域客流量的 50%。目前，共有 83 家国外航空公司在蛇口邮轮中心设置了值机柜台为旅客办理预登机手续，其中 17 家航空公司开通了行李直挂服务，其中 46% 左右的旅客为国泰航空公司的旅客。香港机场海天联运粤港地区航线如图 3-17 所示。

旅客携带行李到达蛇口邮轮中心后，可以就地办理值机和行李托运手续。随后，旅客可乘坐邮轮到达香港海天码头，全程只需 30min，再乘坐轨道交通捷运工具直达香港机场候机厅（与海天码头相距约 1km），全程无缝衔接且全程无需携带行李，可在到达目的地机场之后提取行李，如图 3-18 ~ 图 3-20 所示。

由于本航线为全封闭通道，旅客可直达香港国际机场登机闸口，常规机票中所含的出境税可以减免，旅客可于蛇口客运码头完成已预付的飞机旅客离境税发还申请手续，并于抵达香港国际机场时到指定柜台实时领取有关款项。

蛇口邮轮中心空海联运的合作方包括联天客运服务有限公司、珠江客运有限公司、各大航空公司及船公司。其中，蛇口邮轮中心负责上游值机业务、行李托运、证件查验、登船手续办理等；联天客运服务有限公司负责与各航空公司进行业务沟通；珠江客运有限公司负责香港海天码头运作；船公司负责将旅客由蛇口邮轮中心送抵香港国际机场；航空公司负责将旅客由香港国际机场运抵目的地。

图 3-17　香港机场海天联运粤澳地区航线

蛇口邮轮中心拥有专业的管理及操作团队进行运营管理，设置旅客服务部并下设值机业务组，设置了行李托运设施装备，通过邮件、电话、微信等方式沟通，制定了《机场线加急旅客处理流程》《船班临时取消应急流程》《断电应急工作预案》《行李托运安全操作规定》《火灾应急处置流程》《机房安全管理制度》《恐怖袭击应急处置流程》《设备设施管理制度》《系统操作应急预案》《值机系统培训制度》《行李传送系统安全操作规程》《查堵“三品”管理制度及流程操作》共计 12 项规章制度和技术标准。此外，还包含了面向旅客、旅行社、船舶等多个主体的共计 9 种保险。

蛇口邮轮中心与香港海天码头之间开行的邮轮每天运行时间为早上 7 时 45 分至晚 21 时，45min 一班，未来计划提高到 30min 一班，以更好地对接香港国际机场的航班。旅客在蛇口邮轮中心托运的行李在邮轮中心经过一次安检，之后使用航空标准箱装船运输至香港机场，且人和行李同船运输，保证了安全和封闭运输。

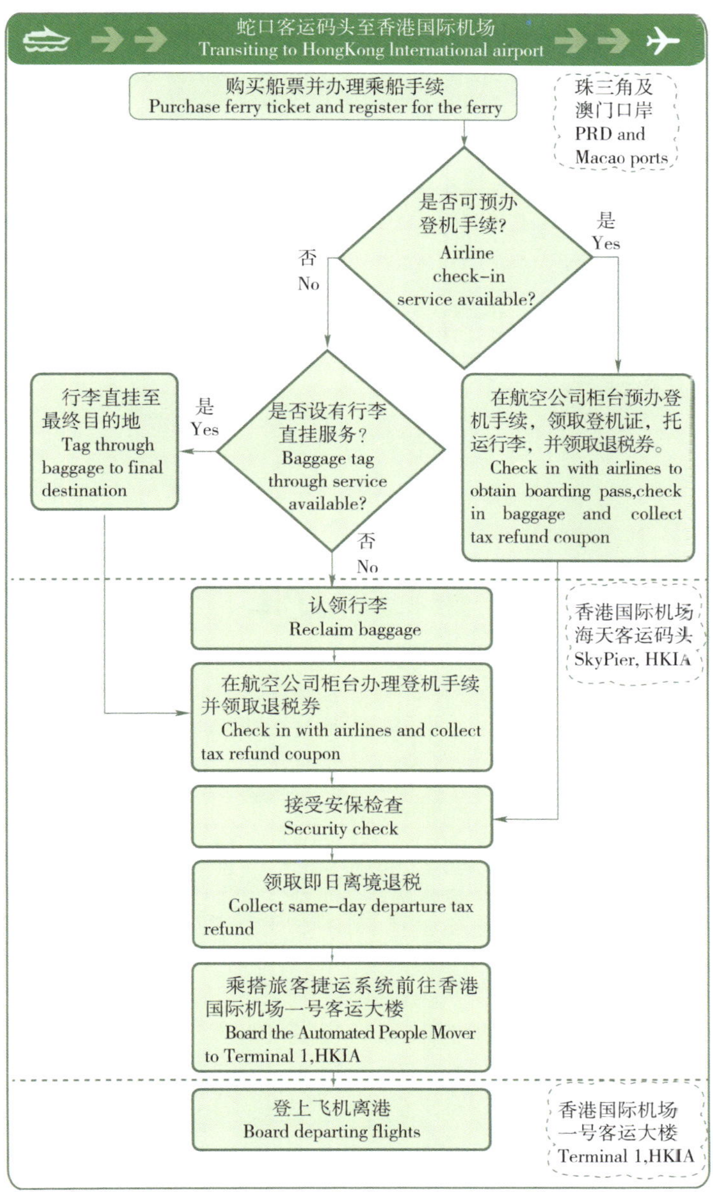

图 3-18　蛇口邮轮中心海天联运流程图

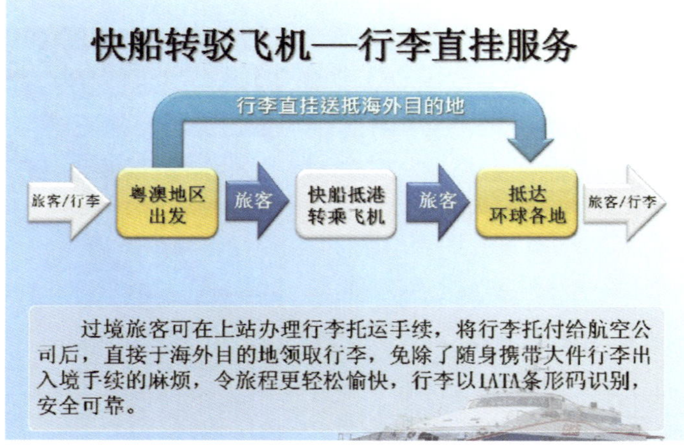

图 3-19　行李直挂服务流程

图 3-20　参与行李直挂的航空公司

3. 深圳机场福永码头

在深圳机场福永码头运营的船务公司携手航空公司为旅客提供空海联运服务。目前，福永码头往返于澳门（港澳码头及氹仔码头）船班达每天 32 班次，运送旅客往返于福永码头与澳门、香港。深圳机场港务公司免费派出巴士运送旅客往返于福永码头与 T3 航站楼 GTC，班次 3～4 班/h，为机场到达或出发旅客进行空海转接出行提供了便利。

4. 深圳航空“港澳行”

深圳航空有限责任公司（以下简称“深航”）早在 2007 年就推出了地空联运产品。2016 年下半年，深航重点打造“深航易行”产品，旨在为旅客提供快速、便捷、舒适的出行服务，其中空地联运产品是“深航易行”产品的一个重要组成部分。目前，通过“港澳行”产品去香港、澳门的深航旅客达到每日 50 人左右。

内地旅客乘坐深航航班去香港或澳门，可在到达深圳后，去香港或澳门，凭机票和证件号码，根据旅客的票价等级和常旅客级别，在购买澳门船票或香港大巴票时，可享受最高可达全免的不同等级的购票优惠。

“港澳行”产品（“飞机 + 澳门船票/香港大巴”）由深航与青龙高速和香港冠忠环岛合作开发，此外深航还利用自身的宣传资源（主要包括微信、官网、APP、机上杂志、常旅客资源等）对客户进行产品宣传和引导。

第四章　旅客联程运输调查分析报告

第一节　旅客出行服务问卷分析报告

旅客联运作为综合运输服务体系的重要组成部分,可以发挥各种旅客运输方式的优势,提高运输组合效率和服务水平,是推进现代综合交通运输体系建设的重要切入点。为深入了解我国旅客联运的现状和需求,更好地倾听民意,提升服务水平,保障广大旅客便捷出行,交通运输部科学研究院综合运输研究中心于2017年5月9～25日,共发放旅客出行服务网络问卷1323份,剔除无效问卷后,获得有效问卷1281份。问卷针对旅客基本信息、旅客长途出行现状和旅客联运存在问题及需求三部分共10个问题进行了调查与研究。

一、分类统计

1. 旅客基本信息调查数据与分析

旅客基本信息调查数据包括性别、年龄、职业和地域4方面内容。

(1)性别结构。

本次问卷调查对象中,男性旅客663人,占所调查旅客的51.76%;女性旅客618人,占所调查旅客的48.24%,男女比例均衡。

(2)年龄结构。

本次问卷调查对象中,20岁以下占7.26%,20～30岁占45.82%,30～40岁占26.07%,40～50岁占11.48%,50岁以上占9.37%,如图4-1所示。

(3)身份结构。

本次问卷调查对象中,企业职员占35.83%,事业单位人员占21.7%,学生占18.81%,其他依次为其他职业(11.16%)、自由职业者(7.49%)、个体经营者(5%),基本覆盖各主要社会阶层旅客。

(4)地域结构。

本次问卷调查对象覆盖全国31个省(自治区、直辖市,不含港澳台地区),覆盖率高,具有代表性。

上述性别结构、年龄结构、身份结构和地域结构的调查对象,基本上系统地覆盖了各种特征的出行旅客,能够比较全面地反映旅客联运现状和需求。

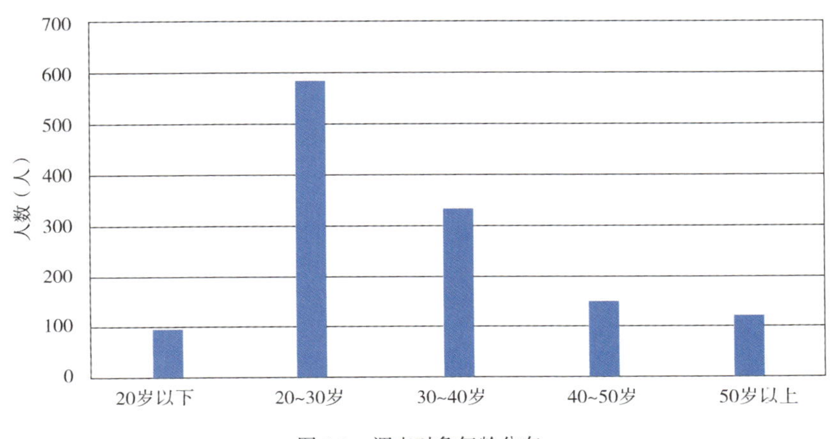

图 4-1 调查对象年龄分布

2. 旅客长途出行现状调查数据与分析

旅客长途出行现状调查数据包括长途出行方式选择、影响因素、购票渠道和组合方式 4 方面内容。

(1)长途出行方式选择。

本次调查问卷涉及铁路、公路、水运和航空 4 种出行方式,涉及火车、公路客运、飞机、自驾车、轮船和其他 6 种交通工具。调查对象可选 1 ~3 种交通工具,其选择分布见表 4-1。

旅客长途运输出行方式选择分布表 表 4-1

出行方式	旅客数量	比例
火车	985	76.89%
公路客运	650	50.74%
飞机	561	43.79%
自驾车	319	24.9%
轮船	15	1.17%
其他	73	5.7%

由表 4-1 可知,近 80% 旅客倾向于选择火车作为长途运输工具,这一现象说明铁路作为国家重要的交通运输方式,在旅客出行方式选择中处于重要地位,这与我国铁路运输事业持续发展,尤其是高速铁路蓬勃发展密切相关;50. 74% 的旅客倾向于选择公路客运作为长途运输工具,这一现象说明公路客运是旅客出行的主要方式之一,其机动灵活、门到门直达等特征被大部分旅客认可。43. 79% 的旅客倾向于选择飞机作为长途运输工具,而自驾车和轮船的选择比例相对较低。

(2)影响因素。

本次调查问卷,旅客选择长途运输方式时考虑的因素主要包括:行程时间、出行费用、安全性、舒适性和其他因素,调查对象可选 1 ~2 种影响因素,其选择分布见表 4-2。

旅客长途运输出行方式选择影响因素分布 表 4-2

影响因素	旅客数量	比 例
行程时间	870	67. 92%
出行费用	676	52. 77%
安全性	455	35. 52%
舒适性	353	27. 56%
其他因素	23	1. 8%

由表 4-2 可知,67. 92% 及 52. 77% 的旅客在选择长途运输方式出行时主要考虑行程时间和出行费用,35. 52% 和 27. 56% 的旅客考虑出行方式的安全性和舒适性。

(3)购票渠道。

本次调查问卷,旅客购票方式主要包括:手机 APP、互联网、现场购买、客票代理、电话、旅行社、单位代买和其他方式,调查对象可选 1 ~3 种购票途径,其概率分布见表 4-3。

随着国民经济的增长和互联网技术的发展,订票方式呈现出信息化和网络化特征。由表 4-3 可知, 69. 24% 和 67. 06% 的旅客倾向于手机 APP 和互联网购票。作为传统购票方式,现场购票仍保持一定的选择概率(26. 93%)。

旅客购票渠道概率分布　　表 4-3

购票渠道	旅客数量	比例
手机 APP	887	69.24%
互联网	859	67.06%
机场、车站现场购买	345	26.93%
客票代理	188	14.68%
电话	116	9.06%
旅行社	86	6.71%
单位代买	54	4.22%
其他方式	51	3.98%

(4)组合方式。

本次调查问卷,旅客长途出行组合方式主要包括:火车 + 大巴、飞机 + 火车、飞机 + 大巴、其他组合方式、不选择组合方式出行、轮船 + 火车、飞机 + 轮船,调查对象可选 1 ~ 2 种组合方式,其概率分布见表 4-4。

旅客长途出行组合方式概率分布　　表 4-4

组合方式	旅客数量	比例
火车 + 大巴	743	58%
飞机 + 火车	452	35.28%
飞机 + 大巴	388	30.29%
其他组合方式	164	12.8%
不选择组合方式出行	111	8.67%
轮船 + 火车	7	0.55%
飞机 + 轮船	6	0.47%

由表 4-4 可知,火车、飞机和大巴 3 种方式的两两组合是长途出行组合方式的主要形式。58% 的旅客倾向于选择火车 + 大巴组合,这一现象说明火车 + 大巴组合的全天候、灵活性和低成本等特征在旅客群体中认可度较高。分别有 35.28% 和 30.29% 的旅客倾向于选择飞机 + 火车组合和飞机 + 大巴组合的出

行方式。

3. 联运现状和需求调查数据与分析

旅客联运现状和需求调查数据,包括组合出行时存在的问题、换乘不同交通运输方式时存在的问题和对旅客联运服务的需求三方面内容。

(1)组合出行时存在的问题。

通过本次调查问卷可知,在组合交通方式出行时存在的问题主要包括:担心"一段晚点、段段晚点",不同交通方式间换乘不方便,需要随身携带行李,查票购票步骤烦琐、需要分段分交通方式,行程延误后维权太过麻烦、退改签手续烦琐,需要携带多张票证和其他共计 8 类问题。调查对象可选 1 ~ 3 项,其概率分布见表 4-5。

组合交通方式出行时存在的问题概率分布表 表 4-5

存在的问题	旅客数量	比　例
担心"一段晚点、段段晚点"	766	59.8%
不同交通方式间换乘不方便	613	47.85%
需要随身携带行李	430	33.57%
查票购票步骤烦琐、需要分段分交通方式	396	30.91%
行程延误后维权太过麻烦	247	19.28%
退改签手续烦琐	209	16.32%
需要携带多张票证	186	14.52%
其他	47	3.67%

由表 4-5 可知,"一段晚点、段段晚点"和"不同交通方式间换乘不便"是目前旅客组合交通运输出行时存在的主要问题。此外,分别有 33.57% 和 30.91% 的旅客认为,"需要随身携带行李"和"查票购票步骤烦琐"为次要问题。由此可见,绝大部分旅客对组合运输的准时性和换乘便利性要求较高。

(2)换乘不同交通方式时存在的问题。

通过本次调查问卷可知,在换乘不同交通方式时存在的问题主要包括:换乘站之间距离较远、换乘没有直达交通工具、市区内换乘堵车延误后续行程、需要随身携带行李、需要多次取票和安检、换乘引导指示不足和其他,共计 7 类问题。调查对象可选 1 ~ 3 项,其概率分布如表 4-6 所示。

换乘不同交通方式时存在的问题分布　　表 4-6

存在的问题	旅客数量	比　例
换乘站之间距离较远	712	55.58%
换乘没有直达交通工具	603	47.07%
市区内换乘堵车延误后续行程	491	38.33%
需要随身携带行李	432	33.72%
需要多次取票和安检	421	32.86%
换乘引导指示不足	300	23.42%
其他	30	2.34%

由表 4-6 可知,“换乘站之间距离较远”(55.58%)和“换乘没有直达交通工具”(47.85%)是目前换乘不同交通方式时存在的主要问题。此外,还有近三成的旅客认为,“市区内换乘堵车延误后续行程”(38.33%)、“需要随身携带行李”(33.72%)和“需要多次取票和安检”(32.86%)是制约换乘的次要问题。由此可见,绝大部分旅客对换乘距离和换乘时间有主要要求,对换乘流程便利性有次要要求。

(3)对旅客联运服务的需求。

通过本次调查问卷可知,旅客联运服务的需求主要包括:身份证代替纸票“一证走天下”、“一站式”查票购票、换乘不同交通方式有直达交通工具、“门到门”全程行李托运和其他,共计 5 项需求。调查对象可选 1 ~ 3 种需求,其概率分布见表 4-7。

对旅客联运服务的需求分布表　　表 4-7

联运需求	旅客数量	比　例
身份证代替纸票“一证走天下”	884	69.01%
“一站式”查票购票	527	41.14%
换乘不同交通方式有直达交通工具	472	36.85%
“门到门”全程行李托运	301	23.5%
其他	33	2.58%

由表 4-7 可知,近 70% 的旅客认为身份证代替纸票“一证走天下”是目前对旅客联运最迫切的需求。此外,近 40% 旅客还认为“一站式”查票购票和换乘不同交通方式有直达交通工具两项功能的完善能进一步满足旅客联运需求。

二、交叉分析

下面依次选取年龄、职业与长途运输方式选择、考虑因素、组合方式选择、换乘存在问题和旅客联运需求5项指标做交叉分析。分析结果显示，年龄对换乘存在的问题和旅客联运需求基本无相关关系，而年龄与其他3项指标存在相关关系，职业与5项指标均存在相关关系。

1. 年龄对选择长途运输方式的影响分析

经过交叉列联表分析可得各年龄段对选择长途运输方式的相关性。由于卡方检验概率 $p < 0.05$，因此认为年龄与选择长途运输方式存在显著相关关系（表4-8）。

各年龄段对选择长途运输方式卡方测试检验结果 表4-8

项　　目	数　　值	df	渐进显著性(2端)
皮尔森（Pearson）卡方	151.333[a]	74	.000
概似比	342.352	74	.000
有效观察值个数	1284		

如图4-2所示，各年龄段选择火车作为长途运输工具的概率相对均衡；30岁及以下旅客选择公路客运概率相对较高、选择飞机概率相对较低，30岁以上选择飞机出行概率相对较高。这一现象说明，青年旅客可能倾向于选择灵活性高、成本相对较低的出行工具，而中老年旅客可能倾向于选择舒适性高、安全性相对较高的出行工具。

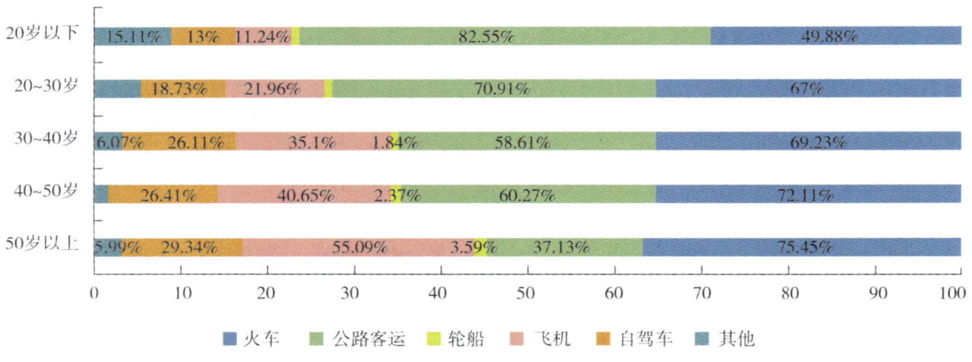

图4-2　各年龄段对选择长途运输方式的雷达分布

2. 年龄对选择长途运输方式考虑因素的影响分析

经过交叉列联表分析可得各年龄段对选择长途运输方式考虑因素的相关性，由于卡方检验概率 $p<0.05$，因此认为年龄对选择长途运输方式考虑因素存在显著相关关系（表4-9）。

各年龄段对选择长途运输方式考虑因素卡方测试检验结果　　表4-9

项　目	数　值	df	渐进显著性（2端）
皮尔森（Pearson）卡方	251.555[a]	68	.000
概似比	242.982	68	.000
有效观察值个数	1284		

如图4-3所示，40岁以上旅客对安全性和行程时间要求相对较高，40岁及以下旅客对出行费用和行程时间要求相对较高。这一现象说明，受身体条件限制，中老年旅客在选择长途运输方式时，可能更倾向于安全性更高的交通工具；受收入水平和工作效率限制，中青年旅客在选择长途运输方式时，可能更倾向于出行费用和时间成本更低的交通工具。

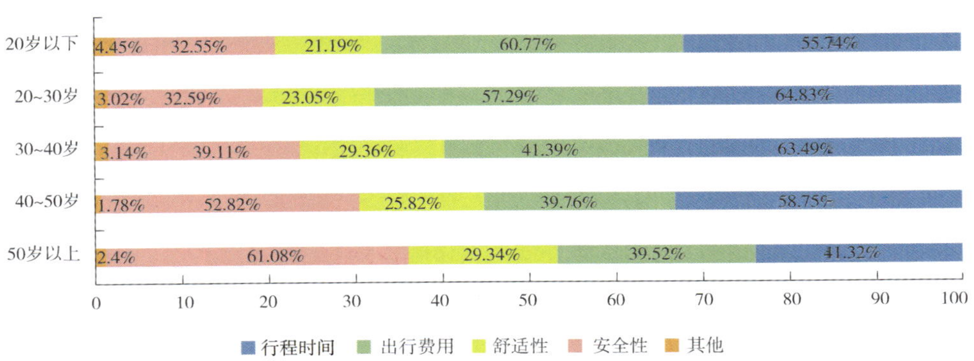

图4-3　各年龄段对选择长途运输方式考虑因素的雷达分布

3. 年龄对选择组合方式的影响分析

经过交叉列联表分析可得各年龄段对选择组合方式的相关性。由于卡方检验概率 $p<0.05$，因此认为年龄与选择组合方式存在显著相关关系（表4-10）。

各年龄段对选择组合方式的卡方测试检验结果　　表 4-10

项　目	数　值	df	渐进显著性（2 端）
皮尔森（Pearson）卡方	172.401[a]	80	.000
概似比	163.025	80	.000
有效观察值个数	1284		

如图 4-4 所示，50 岁以上旅客相对倾向于飞机 + 火车的组合，30 岁及以下旅客相对倾向于火车 + 大巴的组合方式。受身体条件限制，中老年旅客在选择长途运输方式时，可能更倾向于安全性和舒适性较高的组合方式；受收入水平和工作效率限制，中青年旅客在选择长途运输方式时，可能更倾向于换乘便捷，灵活性较高的交通工具。

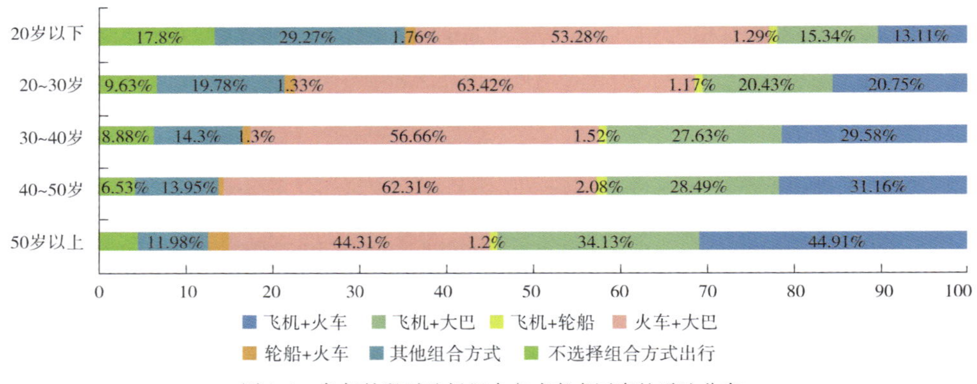

图 4-4　各年龄段对选择组合方式考虑因素的雷达分布

4. 职业对选择长途运输方式的影响分析

经过交叉列联表分析可得不同职业对选择长途运输方式的相关性。由于卡方检验概率 $p < 0.05$，因此认为职业与选择组合方式存在显著相关关系（表 4-11）。

职业对选择长途运输方式的卡方测试检验结果　　表 4-11

项　目	数　值	df	渐进显著性（2 端）
皮尔森（Pearson）卡方	437.471[a]	145	.003
概似比	425.272	145	.000
有效观察值个数	1284		

机关事业单位和企业职员可归纳为固定从业和稳定收入旅客,个体经营、自由职业、学生和其他,可归纳为非固定从业和不稳定收入旅客。如图4-5所示,铁路运输社会覆盖面非常广。除此以外,固定从业和稳定收入旅客倾向于选择飞机,该群体旅客因职业稳定且收入水平相对较高,更倾向于选择出行时间短和舒适性高的交通工具;非固定从业或不稳定收入旅客倾向于选择公路客运,该群体旅客受职业和收入水平限制,更倾向于选择机动灵活和成本较低的交通工具。

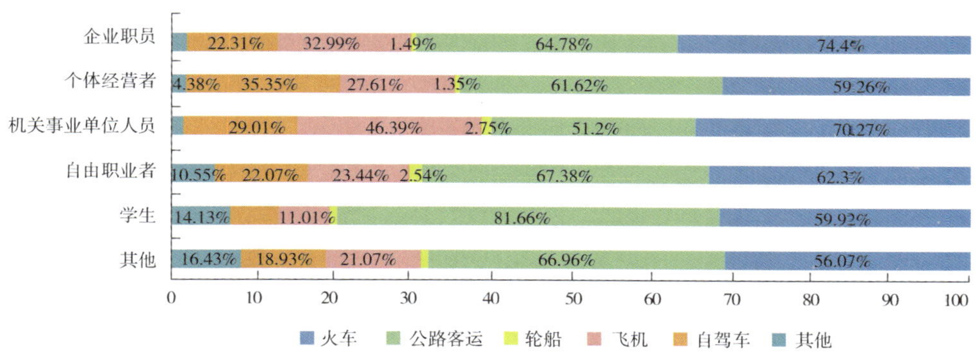

图4-5 职业对选择长途运输方式考虑因素的雷达分布

5. 职业对选择长途运输方式考虑因素的影响分析

旅客出行服从供求均衡决策的微观机制。行程时间、出行费用、安全性、舒适性作为相互间有一定替代性的4种需求,是旅客出行选择交通方式的基本依据。经过交叉列联表分析可得不同职业对选择长途运输方式考虑因素的相关性。由于卡方检验概率 $p < 0.05$,因此认为年龄与组合方式选择存在显著相关关系(表4-12)。

不同职业对选择长途运输方式考虑因素的卡方测试检验结果 表4-12

项 目	数 值	df	渐进显著性(2端)
皮尔森(Pearson)卡方	210.268[a]	85	.000
概似比	211.205	85	.000
有效观察值个数	1284		

如图4-6所示,以事业单位人员为代表的固定从业者和稳定收入旅客,由

于此类旅客无需考虑出行费用，相对来说更加追求行程时间和舒适性；以学生为代表的非固定从业或不稳定收入旅客，相对更关注出行费用。

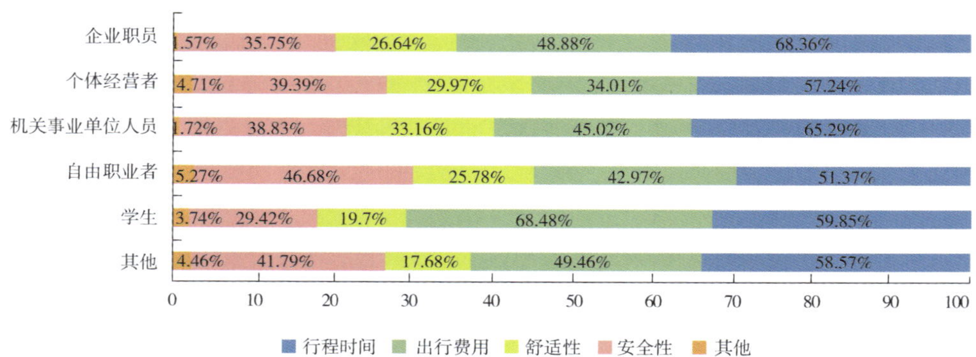

图 4-6　不同职业对选择长途运输方式考虑因素的雷达分布

6. 职业对组合方式选择的影响分析

经过交叉列联表分析可得职业对组合方式选择的相关性。由于卡方检验概率 $p < 0.05$，因此认为职业与组合方式选择存在显著相关关系（表 4-13）。

不同职业对组合方式的卡方测试检验结果　　表 4-13

项　　目	数　　值	df	渐进显著性（2 端）
皮尔森（Pearson）卡方	242. 999[a]	100	. 000
概似比	239. 070	100	. 000
有效观察值个数	1284		

如图 4-7 所示，火车 + 大巴具有换乘便捷、灵活性较高等特征，各职业类旅客均以其为首选组合方式。以事业单位人员为代表的固定从业者和稳定收入旅客，由于他们无需考虑出行费用，相对更倾向于飞机 + 大巴或是飞机 + 火车等舒适性较高的组合方式。

7. 职业对换乘存在问题的影响分析

经过交叉列联表分析可得不同职业对选换乘存在问题的相关性。由于卡方检验概率 $p < 0.05$，但其值接近 0. 05，因此认为年龄对组合方式选择存在一定的相关关系，但不显著（表 4-14）。

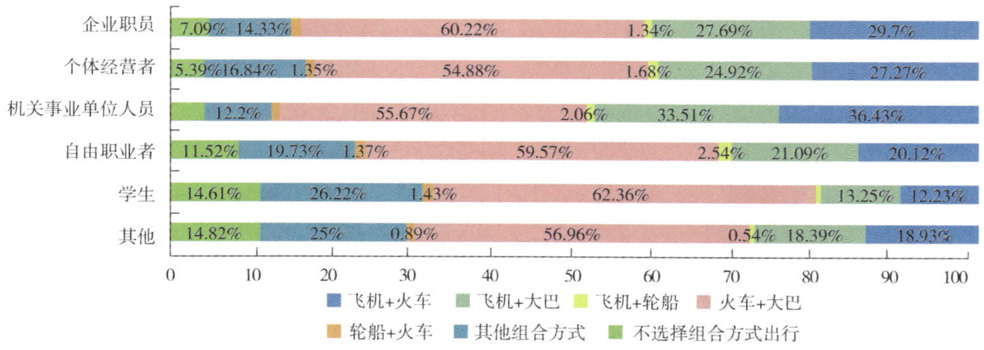

图 4-7 不同职业对选择组合方式考虑因素的雷达分布

不同职业对换乘存在问题的卡方测试检验结果 表 4-14

项　　目	数　　值	df	渐进显著性（2 端）
皮尔森（Pearson）卡方	336. 378[a]	204	. 049
概似比	304. 793	204	. 000
有效观察值个数	1284		

由图 4-8 可知：事业单位人员认为换乘站距离较远是换乘存在的最大问题，这一现象说明，该群体旅客对换乘便利性要求相对较高。而非固定从业者和不稳定收入旅客认为，携带行李是造成换乘不便的重要原因。

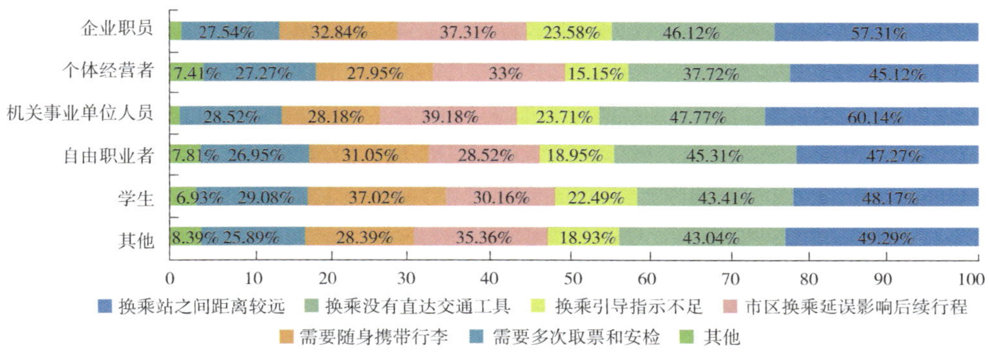

图 4-8 不同职业对换乘存在问题的雷达分布

8. 职业对旅客联运需求的影响分析

经过交叉列联表分析可得不同职业对旅客联运需求的相关性，由于卡方检验概率 $p<0.05$，但其值接近0.05，因此认为不同职业和旅客联运的需求存在一定的相关关系，但不显著(表4-15)。

如图4-9所示，"一站式"购票和"一证走天下"是各职业类旅客面临的主要需求。除此之外，学生和事业单位人员(知识分子、高学历旅客)对"门到门"全程行李托运服务需求相对较高，而老年人因其自身特点也相对更需要"门对门"行李托运。但总体来说，"门到门"行李托运需求相对较低，这一现象可能与"门到门"行李托运社会认知度低、托运成本高等问题有一定关系。

不同职业对旅客联运的需求卡方测试检验结果 表4-15

项目	数值	df	渐进显著性（2端）
皮尔森（Pearson）卡方	93.358[a]	70	.033
概似比	95.749	70	.022
有效观察值个数	1284		

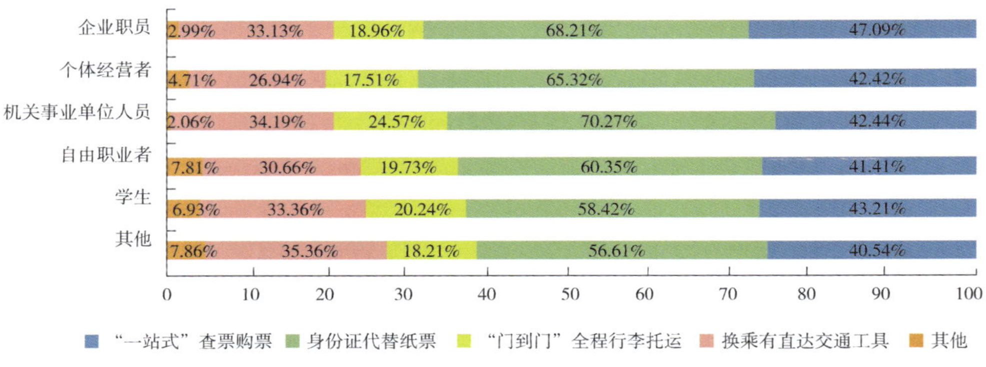

图4-9 不同职业对旅客联运需求的雷达分布

三、地域分析

1. 全国层面

本次调查问卷覆盖国内31个省(自治区、直辖市，不包含港澳台地区)以及海外地区，各地区样本量分布如图4-10所示。

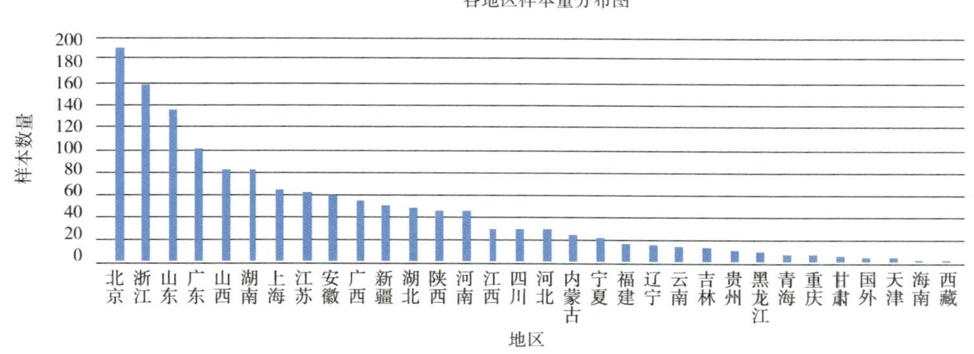

图 4-10　各地区样本量统计结果

根据全国各省份地理位置和交通发展水平，将全国分为七大交通分区。分别为：华东交通区，上海市、江苏省、浙江省、山东省；华北交通区，北京市、天津市、河北省、山西省、内蒙古自治区中西部；华南交通区，广东省、福建省、海南省；华中交通区，河南省、安徽省、湖北省、湖南省、江西省；西南交通区，重庆市、云南省、四川省、广西壮族自治区、贵州省；西北交通区，陕西省、宁夏回族自治区、甘肃省、新疆维吾尔自治区、青海省、西藏自治区；东北交通区，辽宁省、吉林省、黑龙江省、内蒙古自治区东部。

下面结合旅客联运实际调研情况和全国综合交通分区，从长途运输工具选择、长途运输组合方式、联运存在的问题、换乘存在的问题和联运需求五个方面，探讨旅客联运的地域性差异。

（1）长途运输工具选择。

在省域层面对长途运输工具选择出行概率分析，可以发现存在以下规律：

①铁路运输：东北地区和中东部地区旅客更倾向于选择铁路运输，但因各省份选择概率值相近，省域层面火车选择概率差异性不大。

②航空运输：东北地区和西藏自治区等边疆地区因地理位置特殊，旅客选择飞机出行的概率相对较大。

③公路客运：四川地区旅客更倾向于选择公路客运，这与该地区地形地势复杂，公路客运灵活便捷有一定关系。因宁夏回族自治区其他运输方式普及率相对较低，故该地区旅客也更倾向于选择公路客运作为长途出行工具。

(2)长途运输组合方式。

在省域层面对组合运输方式选择进行概率分析,可以发现存在以下规律:

①公铁联运:除东北地区、西北地区和西南地区外,全国其他大部分地区分布概率相近,选择概率较大。

②空铁联运:东部经济发达地区和西藏地区旅客选择概率较大。

以上这两种类组合方式在省域上存在一定的互补倾向,出现这一现象的原因是由于火车+大巴和火车+飞机是最主要的两种组合方式。

③空巴联运:东北地区和西南地区旅客选择概率较大,特别是西南地区受地理条件限制,公路运输灵活性更强,故空巴联运概率较大。

④空水联运和铁水联运:受港口和水域条件限制,主要分布在东部沿海地区。其中,空水联运因概率值相近,省域层面概率差异性不大。

从上述分析可知,全国各省份和地区旅客对长途运输工具选择和组合方式选择行为基本符合运输实际,但其选择和组合运输方式选择存在地域性差异。

(3)联运存在的问题。

经卡方检验,全国各省份和七大交通分区与联运存在的问题均无相关性,即联运存在的问题基本无地域差异性特征。如图 4-11 所示,全国七大交通分区联运存在的问题比例趋势基本一致,拟合程度良好。

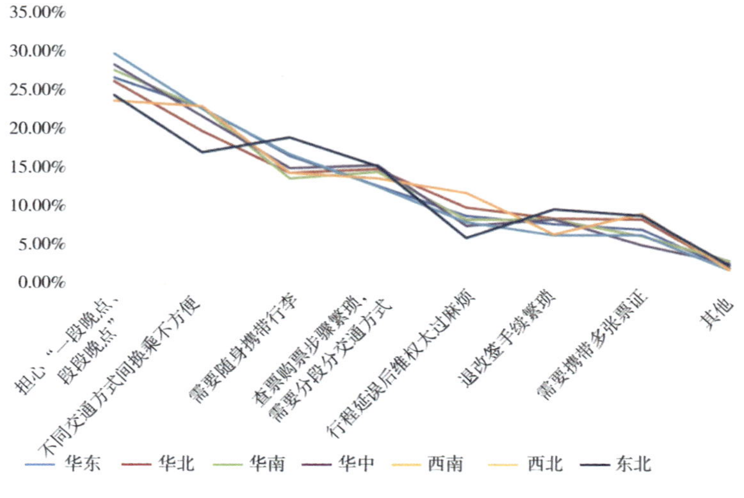

图 4-11 全国七大交通分区联运存在问题概率分布图

(4)换乘存在的问题。

经卡方检验,全国各省份和七大交通分区与换乘运输存在的问题均无相关性,即换乘运输存在的问题基本无地域差异性特征。全国七大交通分区换乘存在的问题比例趋势基本一致,拟合程度良好,如图4-12所示。

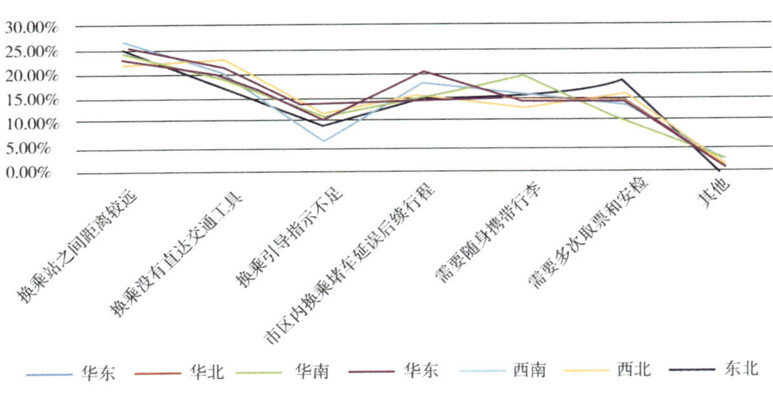

图4-12 全国七大交通分区换乘存在问题概率分布图

(5)联运需求。

经卡方检验,全国各省份和七大交通分区与联运需求均无相关性,即联运需求基本无地域差异性特征。全国七大交通分区联运需求比例趋势基本一致,拟合程度良好,如图4-13所示。

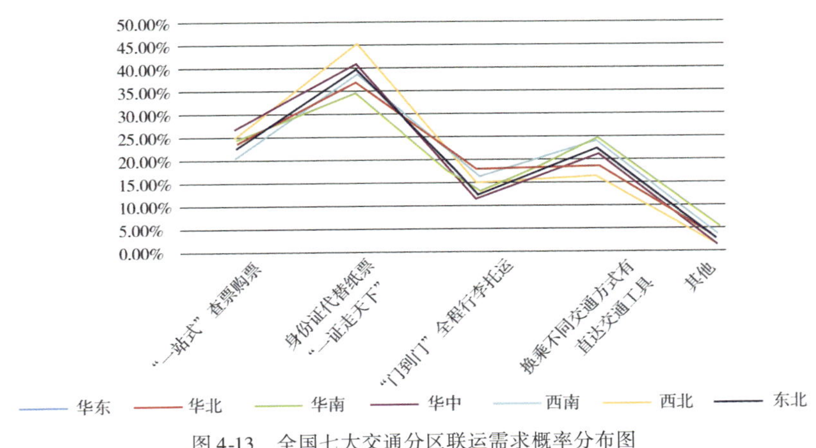

图4-13 全国七大交通分区联运需求概率分布图

2. 重点区域

结合旅客联运实际调研情况，选取京津冀地区、长三角地区和珠三角地区三个重点地区，从长途运输工具选择、长途运输组合方式、联运存在的问题和联运需求四个方面，探讨旅客联运在重点区域存在的问题和规律。

(1)长途运输工具选择。

三个典型区域针对单一长途运输工具选择概率总体基本呈现一致性特征，选择概率自高至低依次为火车、公路客运、飞机、自驾车、其他和轮船。其中，京津冀地区因首都国际机场、天津滨海国际机场等大型机场与城市轨道交通衔接便利，北京城区和天津城区道路拥堵严重，其单一长途运输工具选择呈现出飞机概率大、公路客运概率小的现象，如图 4-14 所示。

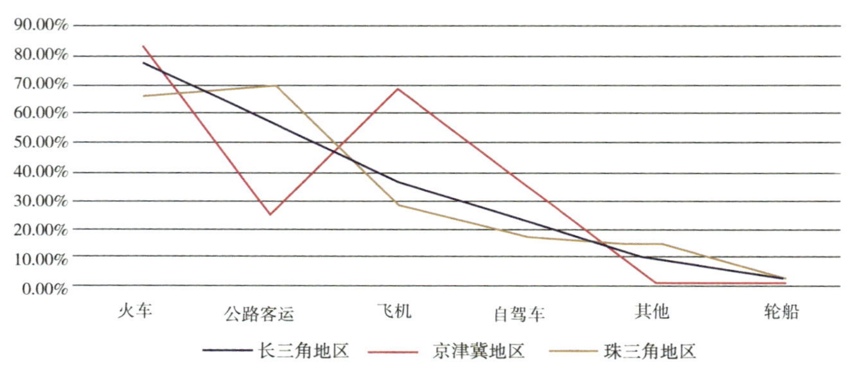

图 4-14　典型区域长途运输方式选择对比图

(2)长途运输组合方式。

①长三角地区。

长三角地区城际客运铁路网发达、公路网密集，形成了便捷、快速、安全、高效的综合运输网络。长三角地区近七成旅客倾向于公铁组合出行，空铁组合和空巴组合仅占三成，如图 4-15 所示。

②京津冀地区。

京津冀“交通一体化”进程不断推进，使得区域交通结构不断优化升级，航空、铁路和公路协同快速发展，综合运输基础设施不断完善，为旅客长途运输组合出行提供了条件。因此，京津冀地区旅客对于火车、飞机和大巴三种方式组合选择概率差异性不大，如图 4-16 所示。

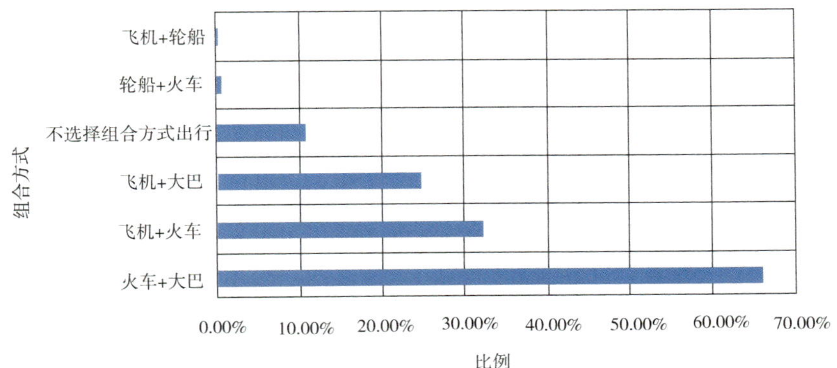

图 4-15　长三角地区长途运输组合方式选择概率图

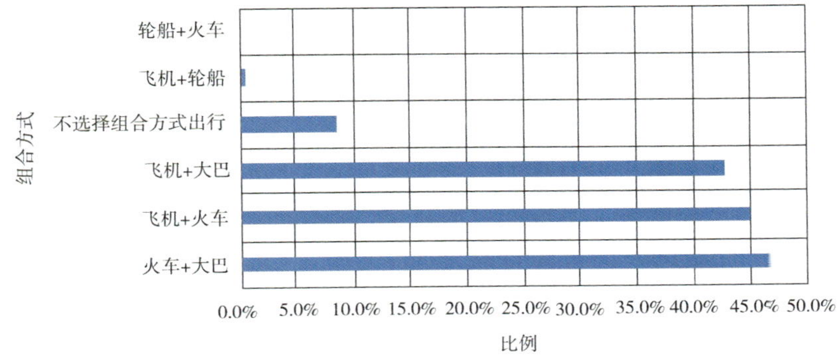

图 4-16　京津冀地区长途运输组合方式选择概率图

③珠三角地区。

珠三角地区约六成旅客倾向于公铁组合出行，空铁组合和空巴组合仅占四成，其整体趋势与长三角地区相似，如图 4-17 所示。其中，珠三角地区空海组合选择概率较长三角地区和京津冀地区有明显增加。这一现象主要与珠三角地区可以方便地前往海南旅游和蛇口码头可提供空海联运服务有一定关系。

④对比分析。

如图 4-18 所示，长三角地区和珠三角地区火车 + 大巴组合方式与比京津冀地区选择概率相差较大，京津冀地区飞机 + 火车和飞机 + 大巴组合方式明显高于长三角地区和珠三角地区选择概率。这表明京津冀地区各运输方式发展相对平衡，联运发展模式相对均衡。

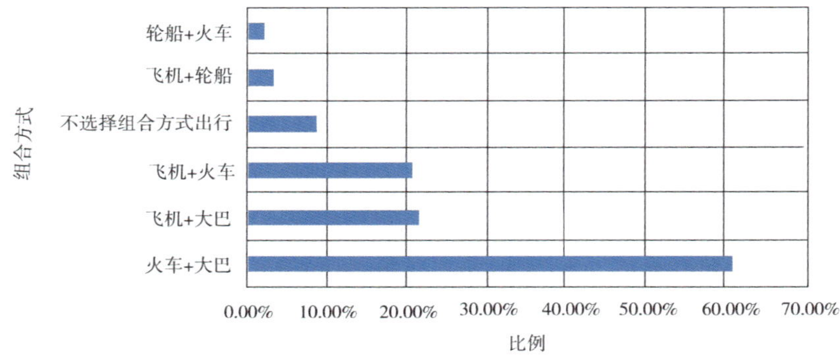

图 4-17　珠三角地区长途运输组合方式选择概率图

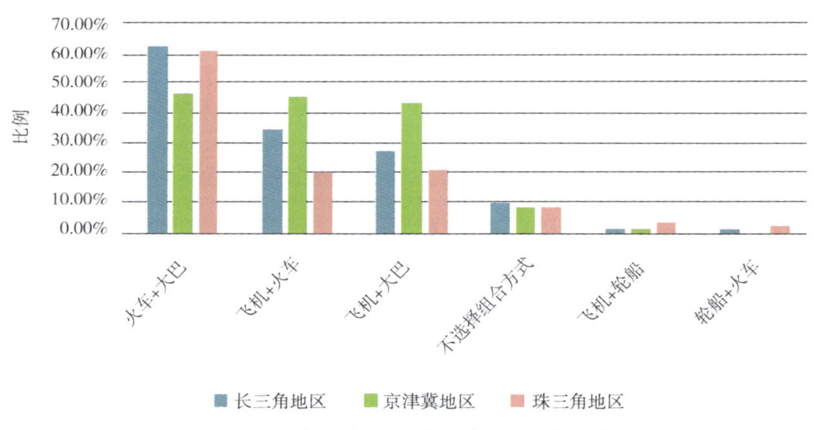

图 4-18　三大重点区域长途运输组合方式选择概率对比图

(3)联运存在的问题。

三大重点区域联运组合选择比例趋势一致,拟合程度良好,即联运组合问题无地域差异性特征。且三大重点区域联运换乘选择比例趋势基本一致,拟合程度一般,即联运换乘问题基本无地域差异性特征。相对京津冀地区和长三角地区来说,珠三角地区旅客更倾向于认为需要随身携带行李是影响换乘的重要原因(图 4-19、图 4-20)。

(4)联运需求。

如图 4-21 所示,三大重点区域联运需求概率分布趋势一致,拟合程度良好,即联运需求概率基本无地域差异性特征。相对长三角和珠三角地区来说,

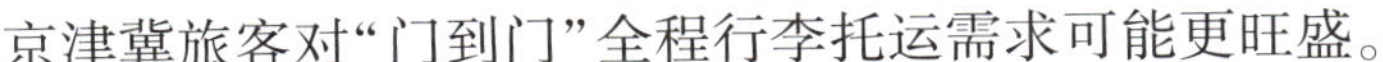

京津冀旅客对“门到门”全程行李托运需求可能更旺盛。

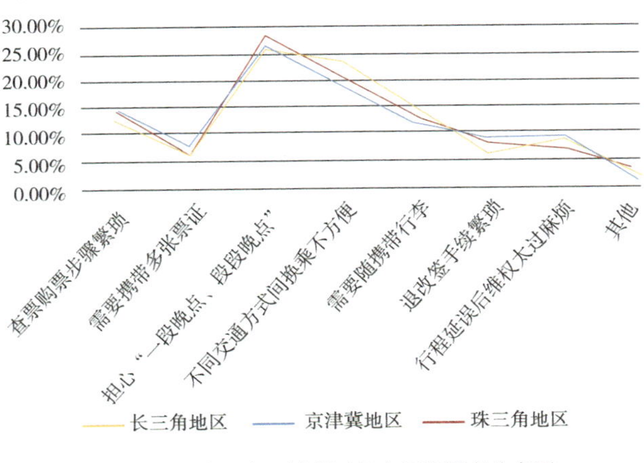

图 4-19　三大重点区域联运组合问题概率分布图

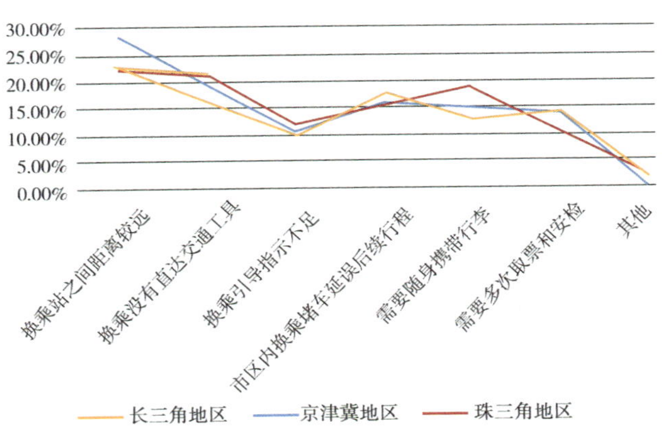

图 4-20　三大重点区域联运换乘问题概率分布图

四、联运现状和需求总结

本次调查基本上系统地覆盖了各种特征的出行旅客，调查结果具有参考性，能够比较全面地反映旅客联运现状和需求，现将可能存在的规律做如下总结。

1. 基本统计规律

（1）长途出行时，77% 的旅客倾向于选择火车作为长途运输工具，分别有 68% 和 53% 的旅客主要考虑行程时间和出行费用，70% 和 67% 的旅客通过手机APP或互联网购票。

(2)当面临组合出行时,58%的旅客倾向于选择火车+大巴的组合出行方式,在购票方面,分别有60%和56%的认为“晚点”和“换乘距离较远”是目前组合出行存在的主要问题。

(3)69%的旅客认为身份证代替纸票“一证走天下”是旅客联运最迫切的需求。

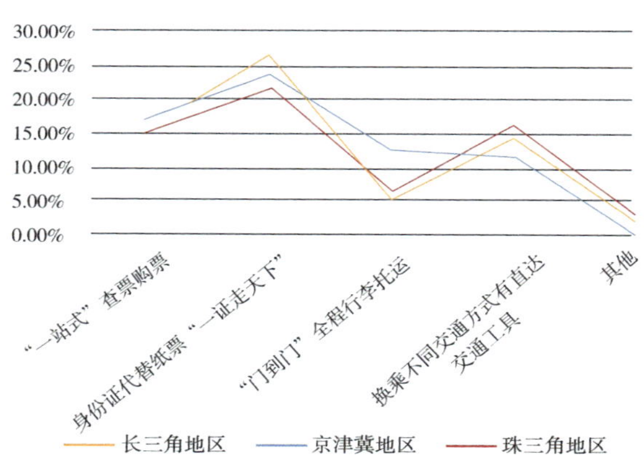

图4-21　三大重点区域联运需求概率分布图

2. 交叉分析规律

(1)固定从业者和有稳定收入的旅客倾向于选择行程时间短和舒适性高的方式(如飞机),该群体认为换乘时间是制约组合运输的主要问题。

(2)非固定从业者或没有稳定收入的旅客倾向于出行费用低和灵活性高的方式(如火车、公路客运),该群体认为携带行李是制约组合运输的主要问题。

(3)高学历旅客群体和老年人对“门到门”全程行李托运服务需求较高。

3. 地域分析规律

(1)受地理位置和综合运输发展水平限制,长途运输工具选择和长途运输组合方式在全国各省份存在一定的地域性差异。

(2)联运存在的问题和需求,在全国层面基本上无地域差异性特征。

(3)对于重点区域层面,长三角地区、京津冀地区和珠三角地区在长途运输工具选择和组合方式选择上存在一定差异,对联运存在的问题和需求基本无差异。

第二节 旅客联运企业调查问卷分析研究报告

为全面了解各地旅客联运发展的一手资料，2017 年 5 月，交通运输部运输服务司会同铁路总公司和中国民用航空局，分别面向铁路、公路、水运、民航旅客运输企业，以及各地方铁路局、有关省（区、市）交通运输主管部门和民航监管部门开展了函调工作。其中，《旅客联运企业调查问卷》内容涵盖了基础设施规划建设、联运服务能力、信息互联互通、法规标准制定等方面的 16 个问题。函调对象包括全国 18 个铁路局、60 家道路客运企业、3 家水路客运企业、150 家民航客运企业、30 家客运枢纽场站经营企业，共计 261 家单位。

一、调研基本情况

1. 企业类型

接受本次调查的客运企业包括铁路客运企业、道路客运企业、水路客运企业、民航客运企业、客运枢纽经营企业五类，如图 4-22 所示。

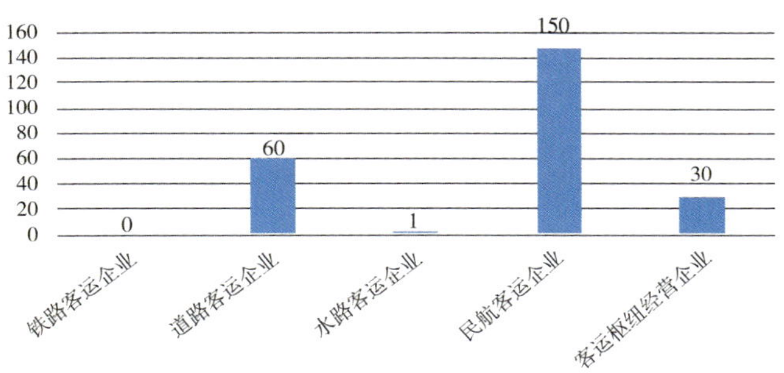

图 4-22 接受调查的客运企业分布图

在接受调查的客运企业中，铁路客运企业 18 家、占受调查客运企业的 6.9%，道路客运企业 60 家、占 22.99%；水路客运企业 3 家、占 1.15%；民航客运企业 150 家、比 57.47%；客运枢纽经营企业 30 家，占比 11.49%。总的来说，此次接受调查的客运企业涵盖了铁路、公路、水路、航空 4 种运输方式，但也在一定程度上存在样本量不足、各类企业之间样本量不均衡的问题。

2. 旅客联运业务和旅客联运服务类型

本次问卷涉及的旅客联运业务包括空铁联运、空巴联运、空海联运、公铁联运，各类企业数量及比例见表4-16。旅客联运服务包括行李直挂服务、城市候机楼服务（表4-17），企业根据实际开展的旅客联运业务可进行多项选择。

调查企业开展的旅客联运业务和旅客联运服务类型分布表　　表4-16

选　　项	企业数量	比　　例
空巴旅客联运	78	31.2%
空铁旅客联运	67	26.8%
公铁旅客联运	52	20.8%
海空旅客联运	3	1.2%

调查企业开展的旅客联运服务类型分布表　　表4-17

选　　项	企业数量	比　　例
行李直挂服务	83	33.2%
城市候机楼服务	70	28%

调查企业以民航客运企业为主，因此开展空巴旅客联运业务、提供行李直挂服务、城市候机楼服务的企业最多，占比均为三成左右；多家航空客运企业和铁路局开展了空铁旅客联运业务，两成以上的道路客运企业、客运枢纽经营企业和铁路局开展了公铁旅客联运业务。为提高运输服务水平、提升旅客出行体验，运输企业开始为旅客提供城市候机楼这种航空前置服务。从本次调查结果来看，在道路客运企业中开展城市候机楼服务的企业占比为26.7%，在民航客运企业中开展城市候机楼服务的企业占比为32.89%，可见道路客运企业和民航客运企业均将城市候机楼服务作为提高市场份额、提升运输服务水平的重要手段；在开展城市候机楼服务的69家运输企业中，七成企业为民航客运企业，可以看出提供城市候机楼服务的市场主体以民航客运企业为主。

二、反映的主要问题和原因分析

问卷主要围绕制约旅客联运业务开展的因素进行调查，涉及票务系统互联互通、枢纽场站规划、跨方式合作壁垒、政策支持、跨方式安检、社会认知度、标准规范、航班车次晚点率、责任划分与赔付、联运服务质量、法规制度、联程业务利润12个方面，统计结果见表4-18。

制约旅客联运业务开展的主要因素分布表　　表 4-18

因　　素	企业数量	比　　例
票务系统无法互联互通	163	63.18%
枢纽场站规划建设衔接不足	149	57.75%
跨方式合作存在壁垒	143	55.43%
政策支持不到位	93	36.05%
跨方式安检不互认	85	32.95%
社会认知度不足	83	32.17%
标准规范不健全	80	31.01%
航班车次晚点率较高	65	25.19%
承运人责任划分与赔付不明晰	51	19.77%
联运服务质量无法满足旅客需求	45	17.44%
现有法规制度障碍	38	14.73%
联程业务利润较低	24	9.3%

从调查情况看，制约旅客联运发展因素可归纳为客运场站建设、票务服务、信息开放共享、城市候机楼建设、一次安检以及行李直挂六部分。

1. 客运场站建设

问卷主要围绕客运场站对支撑旅客联运服务方面存在的不足进行调查，涉及客运场站设施统一规划、客运枢纽联运票务设施、客运枢纽联运换乘设施、客运枢纽联运引导标识四个方面，企业可视情选择 1 ~ 2 项因素，统计结果见表 4-19。

客运场站在支撑旅客联运服务上存在的不足分布表　　表 4-19

因　　素	企业数量	比　　例
不同运输方式客运场站设施缺乏统一的规划建设，换乘距离远	179	68.58%
客运站场缺乏其他运输方式的票务柜台和售票终端	127	48.66%
综合客运枢纽内缺乏联运换乘专用通道和相关设施	109	41.76%
客运站场内缺乏联运换乘引导标识	18	6.9%

从调查结果可以看出，近七成的企业认为“各种运输方式的客运站场缺乏统一规划建设”是客运枢纽在支撑旅客联运服务上存在的主要不足；近五成的企业认为“客运站场缺乏其他运输方式的票务柜台和售票终端”是客运枢纽在支撑旅客联运服务上存在的主要不足；超过四成的企业认为“综合客运枢纽内缺乏联运换乘专用通道和相关设施”是客运枢纽在支撑旅客联运服务上存在的主要不足。

由于各种运输方式的客运场站规划建设由不同主体负责，受运输方式间利益壁垒等因素影响，各场站之间分而处之，无法实现“统规同建”，导致各种运输方式的客运站之间物理距离较远，往往需要借助公交、轨道等市内公共交通方式完成接驳换乘，给联运旅客出行造成了不便，极大地降低了旅客联运的服务体验。

综合客运枢纽规划建设之初，虽然引入了各种运输方式，但“统一规划、统一设计、同步建设、协同管理”的发展模式尚未形成，造成综合客运枢纽设施形式综合、服务分而治之的现象，难以满足旅客出行需求。其中，综合客运枢纽内缺乏联运换乘专用通道和相关服务设施就是具体表现之一，降低了联运旅客在综合客运枢纽内的换乘体验，也阻碍了如“一次安检”等联运服务的实施。

2. 票务方面

（1）票务设施。

在票务设施方面，问卷涉及的因素包括各运输方式间合作意愿、建设规范、建设运营成本和设施设备使用率4个方面，企业可视情选择1～3项，统计结果见表4-20。从调查结果看，63.74%的企业认为“不同运输方式合作建设意愿不强”是制约客运枢纽设置其他运输方式票务柜台或售票终端的主要因素；分别有54.96%和45.42%的企业认为“建设规范没有相应要求”和“建设运营成本较高”是制约客运枢纽设置其他运输方式票务柜台或售票终端的主要因素。

制约客运枢纽设置其他运输方式票务柜台或售票终端的因素分布表 表4-20

因素	企业数量	比例
不同运输方式合作建设意愿不强	167	63.74%
建设规范没有相应要求	144	54.96%
建设运营成本较高	119	45.42%
设施设备使用率不高	81	30.92%

由于铁路系统运力相对饱和，且高铁运营盈利稳定，铁路运输企业缺乏足够的积极性去改变既有运营方式，依靠打破现有制度来推进旅客联运，故铁路客运场站对互设其他运输方式票务柜台或售票终端的合作建设主观意愿不强。同时，铁路、民航在一些运输线路上存在一定竞争，为保障各自运输市场的份额、维护自身利益，各运输方式的合作意愿不强。此外，由于缺乏相关标准规定和利益壁垒等原因，既有客运场站中缺乏其他运输方式的票务柜台和售票终端，使得联运旅客只能在不同客运场站分方式购买客票，极大地限制了旅客联运发挥其便捷、高效的服务效能。由于售票柜台或售票终端需要采购相应设备设施，客运场站还会收取一定管理费用，必然带来成本的增加，也制约了不同运输方式间互设票务柜台或售票终端。

(2)客票方面。

在客票方面，问卷主要调查了各运输方式的票制票价、票款清分结算模式、退改签和赔付责任、售票系统和售票平台四个方面，企业可视情进行多项选择，统计结果见表4-21。从调查结果可以看出，分别有76.06%和68.34%的企业认为“售票系统不连通、缺乏统一的售票平台”“退改签烦琐，赔付责任不明确”是票务方面制约旅客联运发展的最主要因素；认为“各运输方式的票制和客票定价制度不同”和“各运输方式的票款清分结算模式不同”会制约旅客联运发展的企业也较多。

票务方面制约旅客联运发展的主要因素分布表 表4-21

选项	企业数量	比例
售票系统不连通，缺乏统一的售票平台	197	76.06%
退改签烦琐，赔付责任不明确	177	68.34%
各运输方式的票制和客票定价制度不同	148	57.14%
各运输方式的票款清分结算模式不同	129	49.81%

由于各运输方式的票务系统不连通，缺乏统一的售票平台，无法为联运旅客提供一站式的购票服务，旅客需在各运输方式的购票平台分段查询和购票，增加了旅客联运出行时间成本，降低了旅客联运的服务效率。

联运客票退改签会影响联运中涉及不同运输方式的客票再销售，尤以铁路系统最为明显。已开展的旅客联运业务多为企业间遵照合作协议履约，但条款中关于客票退改签造成损失的赔付责任不明确，如非旅客自身原因导致的退改签情况，多为联运合作企业承担退改签费用，这就增加了企业运营成本，也在一定程度上削弱了运输企业开展旅客联运业务的积极性。因此，探索简化票务退改签程序、如何明确并划分赔付责任也是下步推进旅客联运发展亟待解决的问题。

各运输方式的票制和客票定价制度不同，导致现有旅客联运产品的通用性和复制性较差，无法为旅客提供特色联运票务产品，因此对旅客联运业务的开展形成一定制约。另外，各运输方式的票款清分结算模式不同，会造成运输企业在利益分配时难以达成一致，限制了不同运输方式企业的合作，制约了旅客联运的发展。

(3)票务信息互联互通。

在制约不同运输方式票务信息互联互通方面，问卷主要围绕各方式票务系统独立建设，道路售票系统未联网、未实名问题，互联互通技术问题，运输方式间利益壁垒，开放系统安全问题五个方面进行调查，企业可视情选择1~3项，统计结果见表4-22。从调查结果可以看出，八成以上的企业认为“各方式票务系统独立建设”是制约不同运输方式票务信息互联互通的主要因素，还有超过四成的企业认为“运输方式间利益壁垒”“开放系统接口安全风险大”是制约不同运输方式票务信息互联互通的主要因素。

制约不同运输方式票务信息互联互通的因素分布表 表4-22

选　项	企业数量	比　例
各方式票务系统独立建设	211	80.84%
运输方式间利益壁垒	117	44.83%
开放系统接口安全风险大	105	40.23%
道路售票系统尚未联网、未实行实名制	81	31.03%
互联互通技术难度大	80	30.65%

各方式票务系统独立建设，导致各运输方式的票务信息无法整合到一个平台上，给联运旅客查询、购票造成了不便，也制约了票务信息的互联互通，这是

制约不同运输方式票务信息互联互通的最主要原因。同时,各运输方式存在一定竞争,运输方式间存在利益壁垒,开放票务信息可能会触及自身利益,出于保障各自运输市场的份额、维护自身利益的考虑,也在很大程度上制约了信息的互联互通。

(4)改进建议。

在改进旅客联运票务方面,问卷主要围绕市场化定价、跨方式售票信息互联互通、发展第三方联运票务服务商、建设第三方票务信息平台、联运客票退改签相关规定五个方面,企业可视情进行多项选择,统计结果见表4-23。从调查结果可以看出,加快跨方式售票信息互联互通、出台联运客票退改签相关规定、推动第三方票务信息平台建设三项是企业认为当前旅客联运亟需改进的方面。

鉴于此,提出如下改进建议:加快跨方式售票信息互联互通,解决联运旅客分段购票问题,为联运旅客提供一站式查询、购票的高效便捷服务;出台联运客票退改签相关规定,简化联运客票退改签流程,明晰赔付责任机制,让企业有章可循,让旅客放心出行;推动第三方票务信息平台建设,实现各运输方式票务信息资源整合,为旅客提供线路规划、出行方案制定、特色客票产品等一站式联运服务。

旅客联运票务方面的改进建议分布表　　表4-23

选　　项	企业数量	比　　例
加快跨方式售票信息互联互通	208	79.69%
出台联运客票退改签相关规定	159	60.92%
推动第三方票务信息平台建设	144	55.17%
支持第三方联运票务服务商发展	136	52.11%
推进铁路、公路客运市场化定价	115	44.06%

3. 信息开放共享

(1)制约因素。

问卷对制约客运信息开放共享的主要因素进行了调查,涉及开放意愿、各运输方式信息系统发展程度、各运输方式利益、接口和数据标准、开放共享目的、信息安全、开放共享成本七个方面，企业可视情选择1～3项，统计结果见表4-24。从调查结果可以看出，六成的企业认为“各运输方式开放意愿不同”是制约客运信息开放共享的主要因素；五成左右的企业认为“各运输方式信息系统发展程度不同”“运输方式间利益壁垒”“接口和数据标准不统一”是制约客运信息开放共享的主要因素。

制约客运信息开放共享的主要因素分布表　　表4-24

因　素	企业数量	比　例
各运输方式开放意愿不同	156	60.23%
各运输方式信息系统发展程度不同	131	50.58%
运输方式间利益壁垒	121	46.72%
接口和数据标准不统一	112	43.24%
开放共享目的不明确	74	28.57%
信息安全风险较高	62	23.94%
开放共享成本高	22	8.49%

由于各运输方式间存在合作和竞争，目前铁路系统相对封闭，客运信息对外开放意愿不强；民航系统受市场竞争激烈等因素影响，更愿意开放客运信息，希望通过旅客联运业务满足旅客出行需求并提高经营收益。不同的经营思路导致各运输方式开放意愿不一致，制约了客运信息的开放共享。

此外，各运输方式信息系统发展程度不同，也是制约客运信息开放共享的重要因素。总体来看，民航信息系统发展程度较高，能为旅客提供多种信息，包括票务信息、预报信息、提示信息等；铁路信息系统主要提供票务查询、订购服务；道路客运售票系统尚未实现全国联网和实名制售票，发展程度相对较低。不同运输方式票务系统发展程度不均造成客运信息的种类、时效性等方面不对称，影响信息交互效能，制约了客运信息的开放共享。

(2)信息类别。

问卷对亟需开放共享的客运信息类别进行调查，包括客票信息，航班车次准点情况、客流规模等实时运行信息，以及航班车次时刻表等方面，企业可视情进行多项选择，统计结果见表4-25。从调查结果看，近九成企业认为应尽早实现对“航班车次准点情况、客流规模等实时运行信息”的开放共享。

客运信息实现开放共享的建议分布表 表4-25

选项	企业数量	比例
航班车次准点情况、客流规模等实时运行信息	230	88.12%
客票信息	179	68.58%
航班车次时刻表	162	62.07%

实现航班车次准点情况、客流规模等实时运行信息的开放共享，可使联运企业充分了解和掌握旅客出行信息，有利于联运各环节及时做好运输准备和衔接工作，对非正常联运事件可以及时采取有效的措施，为旅客在各运输环节提供动态信息服务及精准预报服务。因此，近九成的企业认为应尽早实现这方面信息的开放共享。

4. 城市候机楼建设

问卷对制约城市候机楼发展的主要因素重点围绕建设运营成本、机场班线审批、运输方式间利益壁垒三个方面进行调查，企业可视情进行多项选择，统计结果见表4-26。从调查结果可以看出，在接受调查的运输企业中，近七成认为“城市候机楼建设运营成本过高”是制约城市异地候机楼发展的主要因素。此外，还有四成以上的企业认为“机场班线审批运营存在障碍”“运输方式间利益壁垒”也是制约城市异地候机楼发展的主要因素。

制约城市异地候机楼发展的主要因素分布表 表4-26

选项	企业数量	比例
城市候机楼建设运营成本过高	174	68.77%
机场班线审批运营存在障碍	104	41.11%
运输方式间利益壁垒	103	40.71%

城市候机楼运营成本包括人工、设备、房屋租金等，传统机场巴士价格因为受到政府定价限制，投入产出比逐渐下降，导致部分城市候机楼常年处于亏损的状态。因此，企业最关心运营成本方面的问题。

现有的道路客运班线准入审批制度要求班线首末站必须设有客运站点，并且实行定点、定线、定班运营。这个规定大大阻碍城市候机楼成为客运班线的重要节点，制约城市候机楼为旅客提供送机服务，从而抑制了城市候机楼的发展。这一点也是城市候机楼经营企业所重点关心的。

在日常经营活动中,各运输方式相互竞争。开设城市候机楼逐渐成为各主要机场争抢客源、占领市场主要方式,尤以珠三角地区最为典型。因此,为争抢客流盲目设立城市候机楼在一定程度上制约了其良性发展。

5. 一次安检

问卷对造成旅客跨方式出行不能实现"一次安检"的主要因素进行调查,涉及安检标准、安检责任、换乘通道、场站分四个方面,企业可视情选择1～2项,统计结果见表4-27。从调查结果可以看出,七成以上的企业认为"不同运输方式安检标准不统一"是造成旅客跨方式出行不能实现"一次安检"的主要因素;另有超过五成的企业认为"安检责任归属问题"是造成旅客跨方式出行不能实现"一次安检"的主要因素。

造成旅客跨方式出行重复安检的主要因素分布表 表4-27

选项	企业数量	比例
不同运输方式安检标准不统一	185	71.71%
安检责任归属问题	143	55.43%
枢纽内未设置封闭换乘通道	80	31.01%
大部分联运场站分离	77	29.84%

安检标准不统一导致不同运输方式之间安检不互认。比如,航空安检的标准最高,高铁次之,道路客运安检的标准相对较低。当联运旅客乘坐一种交通工具需换乘另一交通工具时,因为彼此之间安检标准不统一、安检结果不互认,必须重新进行安检,直接导致"一次安检"无法实现。

此外,在当前防恐反恐形势日益严峻的形势下,安检的责任问题受到企业格外重视。如果联运旅客通过一次安检但最终出现安全问题,安检责任难以确定。同时,综合客运输枢纽尚未设置联运换乘专用通道和相关设施也给运输企业探索尝试"一次安检"带来了风险和隐患,制约了"一次安检"业务的开展。

6. 行李直挂

问卷对制约开展行李直挂服务的主要因素进行调查,涉及行李运输责任划分和赔付机制、行李运输风险、行李转运成本、市场认知度、行李运输第三方服务市场化程度、业务收益等6个方面,企业可视情选择1～4项,见表4-28。从调查结果可以看出，“行李运输责任划分和赔付机制不明确”“行李运输风险不可控”“行李转运环节成本高”分别排在制约行李直挂服务开展的主要因素前三位。

制约行李直挂服务开展的主要因素分布表　　表4-28

选　项	企业数量	比　例
行李运输责任划分和赔付机制不明确	195	75.58%
行李运输风险不可控	166	64.34%
行李转运环节成本高	134	51.94%
市场认知度低	100	38.76%
行李运输第三方服务市场化程度低	90	34.88%
业务收益低	47	18.22%

在行李直挂过程中，如果行李出现安全隐患或者丢失、破损等问题，难以判定事故运输段，因此行李运输责任划分问题影响了运输企业开展行李直挂服务的积极性。

联运模式的行李直挂服务需要涉及多个运输方式，各运输方式的行李托运服务水平不一、运输方式间的衔接复杂、行李运输风险不可控、易产生行李运输责任纠纷和赔付，一定程度上制约了行李直挂在联运模式下的发展和应用。

联运模式下的行李运输涉及多次行李转运工作，需要专门的人工和设备完成，增加人员、购置转运设备会增加转运环节成本，影响了企业提供该项服务的积极性。

第三节　企业主要诉求

通过本次问卷调查，各运输企业结合开展旅客联运业务实际，明确指出了目前旅客联运发展情况存在的主要问题，充分反映了对旅客联运发展愿景的现实诉求，从需求侧提出推进旅客联运发展的重点工作。

1. 改善综合客运站场规划建设和运营管理模式

调查问卷显示，各企业认为发展旅客联运的基础条件是综合枢纽的规划建设与运营管理问题。综合客运枢纽是各种运输方式之间和区域之间大规模客流组织换乘的大型交通站场，是提升客运效率的关键，是提升服务质量的核心。

推进旅客联程运输发展,需要不断强化各运输方式间的衔接和协作,更加注重提升综合客运枢纽现代化水平。运输企业纷纷建议,要改进目前综合客运站场的规划建设和运营管理模式,推动实现“统一规划、统一设计、同步建设、协同管理”,着重解决枢纽内部各运输方式功能区之间的关联衔接的问题。通过完善通道布局和转运设施,设置联运专用车辆通道、旅客通道、行李安检通道,使各运输方式资源要素高效流转,为发展旅客联运创造良好的基础环境,使旅客快速通过验票和行李安检,减少等候时间,提升旅客出行体验,提高旅客联运服务整体质量和综合效率。

2. 健全各种运输方式协同工作机制

被调查企业纷纷表示,旅客联运业务参与方多,运输链条长,需要各方加强沟通交流,建立工作协作机制,及时解决旅客联运业务中的突出问题,形成工作合力。通过不同运输方式间有效对接,打破当前运输主体各自为政的现状,实现各运输方式间客流、运力等资源优势互补,进一步促进各运输方式间的有效衔接,形成旅客联运协同式的发展格局,确保旅客联运全链条高效顺畅运行。

3. 促进客运信息互联互通

企业调查问卷结果显示,多数企业认为实现信息互联互通是推进旅客联运发展的关键环节。运输企业希望通过开放航班车次准点情况、客流规模等运行及客票等信息,全面实时地了解旅客联运各环节的运输情况,及时做好本环节的运输准备和衔接工作,对突发非正常联运事件及时采取有效应急措施。企业希望交通运输主管部门自上而下系统解决各运输方式间客运信息互联互通问题,从政策、技术和管理机制等方面给予关注和指导,并出台相应的政策保障措施,打破不同运输方式间的利益壁垒,消除信息孤岛,打通连接渠道,促进各运输方式间信息互联互通。

4. 制定出台相关政策法规及标准规范

调查结构显示,企业对于交通运输主管部门制定出台旅客联运相关政策法规和标准规范的诉求较为强烈。旅客联运经营企业在实际推进联运工作时常常遇到无法可依、无章可循的情况,给开展联运工作带来了很多困惑。企业建议加快推进旅客联运相关政策法规和标准规范制定工作,规范旅客联运运营、服务等相关工作,营造联运良好发展环境,尤其需要注意的是,针对一些现行的法规政策制约旅客联运业务开展的情况,企业希望交通运输主管部门开展相关政策评估工作,在保障社会公众安全和利益的情况下,酌情对现行法律法规进行修订，适度放宽政策管理尺度，为旅客联运发展提供适量的政策空间。同时，建议尽快制定规范旅客联运市场竞争和责任赔付的相关政策规定。在标准规范方面，企业建议加快制定以下几个方面的标准：枢纽规划建设相关的标准规范，如枢纽内联运设施设备等；票务服务相关的标准规范，如票制票价、客票退改签、联运责任划分和赔付等；行李直挂相关的标准规范，如跨方式行李安检、行李运输转运等。通过制定相关标准规范，建立规范统一的旅客联运标准体系，实现建设、运营和服务的标准化、规范化。

5. 优化完善道路客运市场管理

近年来，部分道路客运班线受到高铁的强烈冲击，市场份额和客流规模萎缩严重。道路客运企业正值转型升级的重要机遇期和调整期，因此希望旅客联运成为企业发展和经济效益提升新的增长极；希望通过和铁路、民航的进一步深入合作，承担中短途的旅客运输和交通枢纽场站的集疏运任务。但既有的一些运输法规政策对道路客运企业开展旅客联运形成了一定的阻碍，建议在保证运输市场有序稳定的前提下进行调整完善。如有的运输企业建议应允许企业根据旅客出行数量与规律适情调整道路客运运力和班次计划；有的运输企业建议，应适度扩大营运车辆准入目录，允许中高端中小型商务车进入客运市场，开展定制化旅客联运服务，保证与高铁、航空等运输方式服务质量的协调性；有的企业建议应适度放宽机场班线关于定站、定线、定班的审批制度，鼓励道路客运企业积极开通机场班线，承接城市候机楼送机工作；有的企业建议应打破以往机场巴士由机场独立经营的垄断格局，实现机场巴士的社会化经营，为旅客提供多样化的便捷服务；有的企业建议应建立健全道路客运价格调整机制，适情扩大企业自主定价权限，允许企业根据旅客联运需求在一定范围内调整票价，并逐步推进道路客运市场化定价进程。

6. 政府给予政策倾斜及财政支持

调查结果显示，企业希望各级交通运输主管部门能够给予旅客联运重点关注和适度政策倾斜，并鼓励指导企业开展联运业务，为旅客联运发展创造良好的政策环境；同时适情为联运企业争取财政、税务等方面支持，让企业减重前行，充分调动企业积极性，推动旅客联运发展。

附录　专用名词注解

1. DB

DB 是 Deutsche Bahn 的缩写，即德国铁路。德国铁路是全球客运和货运最大的运营商之一。运行铁路线长达 34000km，每日运行 39000 车次。

2. SNSF

SNSF 是法国铁路的简称。法铁负责法国国有铁路的经营，但铁路路线与其附属设备则是属于法国国营的法国铁路网络公司（Réseau Ferré de France）所有，但法铁仍然拥有各车站的所有权。法铁在全球 120 个国家有营业，员工超过 180000 人，32000 公里的铁路线，包括 1850 公里的高速铁路线，14800 公里的电气化铁路网络，每天约 14000 列车在操作。）空铁联运中铁路里程记录航空公司里程总数中，以便今后的里程促销等相关优惠活动。

3. TGV

TGV 是高速列车的意思。时速 300km/h。

4. ICE

ICE 是 InterCityExpress 的缩写，即城际特快是连接德国所有主要城市的高速列车，德国国铁（Deutsche Bahn AG）所营运。此列车时速高达 300 公里，是柏林、汉堡和科隆等城市之间旅行最快捷的方式之一。ICE 列车拥有国际列车路线，可前往丹麦、荷兰、比利时、法国、瑞士和奥地利。

5. IC

IC 是 InterCity，即城际列车，也是快车的一种，但要比 ICE 慢一些。停的站比 ICE 要多那么几个，班次也要比 ICE 多一些。

6. EC

EC 是 EuroCity，即欧洲城市列车，也是快车的一种。速度跟 IC 应该差不多，但不止在德国境内运行，而是连接了很多欧洲的大城市。

参考文献

[1] 谈大洋．多式联运的概念体系[R]．上海:上海科学技术出版社,2010.

[2] 吴念慈．虹桥综合交通枢纽旅客联运研究[M]．上海:上海科学技术出版社,2010.

[3] 黄璇．铁路与航空旅客联合运输可行性研究[D]．长沙:同济大学,2008.

[4] 秦灿灿,徐循初．法兰克福机场的空铁联运[J]．交通与运输:学术版,2005(2):46-48.

[5] A knowledge Base for Intermodal Passenger Travel in Europe[R]. 2008.

[6] Paul Chiambaretto, Christopher Decker. Air-Rail intermodal agreements: balancing the competition and environmental effects[J]. Journal of Air Transport Management.

[7] Andrew R Goetz, Timothy M Vowles. A Hierarchical Typology of Intermodal Air-Rail Connections at Large Airports in the United States[R].

[8] Roberts A. Payne. Frankfurt Airport Pioneering Intermodal Air-Rail Development[J]. Japan Railway & Transport Review. 1999.

[9] Jonana Duarte Costa. Factors of Air-Rail Passenger Intermodality[R]. 2012.

[10] Andrew R Goetz, Timothy M Vowles. Progress in Intermodal Passenger Transportation: Private Sector Initiatives[R].

[11] Intermodal Passenger Transportation in Europe[R].

[12] https://www.amtrak.com/home.html.

[13] https://en.wikipedia.org/wiki/Amtrak_Thruway_Motorcoach.

[14] https://en.wikipedia.org/wiki/Auto_Train.

[15] http://www.sncf.com.

[16] http://deshotelsetdesiles.addworks.fr/tgvair_EN.php.

[17] http://www.sncf.com/en/services/door – to – door.

[18] http://www.air – austral.com/en/where – we – fly/france – rail – stations.html.

[19] http://www.1stoptrain.com/Europe/Germany3.html.

[20] https://tgv.en.voyages – sncf.com/luggage – service.

[21] http://haiwaiyou. com/guide/1052.

[22] http://www. accesrail. com/products/db – rail – fly.

[23] http://www. airfrance. us/US/en/common/resainfovol/avion _ train/reservation _ avion_train_tgvair_airfrance. htm.

[24] http://bbs. qyer. com/thread – 1109268 – 1. html.

[25] https://www. swiss. com/corporate/en/company/partners – alliances/airtrain – basel – zurich.

[26] https://www. sbb. ch/en/station – services/services/luggage – and – flight – luggage/flight – luggage. html.

[27] https://www. swiss. com/corporate/en/company/partners – alliances/airtrain – basel – zurich.

[28] https://en. wikipedia. org/wiki/Air – rail_alliance.

[29] https://www. china – airlines. com/tw/zh/booking/travel – service/rail – and – fly.

[30] Panayides, P. M. , *Economic organization of intermodal transport*. Transport Reviews,2002. 22(4):401-414.

[31] 艾伦·布朗奇. 出口实务与管理[M],北京:清华大学出版社,2004.

[32] Jennings, B. and M. C. Holcomb, *Beyond Containeritation: The Broader Concept of Intermodalism*[J]. Transportation Journal,1996:5-13.

[33] 谈大洋. 联合运输知识[M]. 北京:人民交通出版社,1987.

[34] 王庆功. 货物联合运输[M]. 北京:中国铁道出版社,2004.

[35] 王稼琼. 联运发展论[M]. 北京:中国民航出版社,1995.

[36] 李士珍. 联合运输经济概论[M]. 北京:中国铁道出版社,1994.

[37] 荣朝和. 关于我国尽快实行综合运输管理体制的思考[J]. 中国软科学,2005(2):10-16.

[38] 胡思继. 综合运输工程学[M]. 北京:清华大学出版社,北京交通大学出版社,2005.

[39] 刘鼎铭,王根兴,李玉如. 集装箱化与现代物流辞典[M]. 上海:东华大学出版社,2003.

[40] 郭小碚. 综合运输体系发展的理论与实践[J]. 综合运输,2000(11):1-5.

[41] 高家驹. 综合运输概论[M]. 北京:中国铁道出版社,1993.

[42] 联合国. 国际货物多式联运公约[R]. 1980.
[43] Muller, G. , *Intermodal Freight Transportation*. 1999, Washington, DC: Eno Transportation Foundation and Intermodal Association of North America.
[44] 泉水. 多式联运讲座[J]. 集装箱化,2002(2):36-39.